Erhard Dietl

Muffelfurzteufel!

Die coolsten Witze und Rätsel von den Olchis

Mit Illustrationen von Erhard Dietl
und Helge Glatzel-Poch

Oetinger Taschenbuch

Außerdem von den Olchis bei Oetinger Taschenbuch erschienen:

Adventskalender-Rätselbuch
Ein Drachenfest für Feuerstuhl – Die oberolchige Gefurztagsgeschichte mit kreativen Ideen
für deine Party
Das olchige Abenteuerbuch – Grätige Experimente und Spiele für drinnen und draußen
Basteln mit den Olchis – Mit 30 krötigen Tipps
Die schönsten Schmuddel-Geschichten
Muffelfurzcoole Schülerwitze

1. Auflage
2021 Oetinger Taschenbuch im Verlag Friedrich Oetinger GmbH,
Max-Brauer-Allee 34, 22765 Hamburg
Alle Rechte vorbehalten
© Umschlagmotive: WunderWerk/Verlag Friedrich Oetinger/ LEONINE Distribution/ZDF 2021
© Umschlaggestaltung: Steffen Meier
© Illustrationen: Erhard Dietl
© Illustrationen: Helge Glatzel-Poch

Das Werk beruht auf folgenden in der Verlagsgruppe Oetinger erstmalig erschienenen Titeln:

»Grätige Rätsel für Stinkerlinge«:
© Originalausgabe: Oetinger Taschenbuch im Verlag Friedrich Oetinger GmbH, Hamburg 2015
© Olchi-Illustrationen: Erhard Dietl
© Rätsel-Illustrationen: Helge Glatzel-Poch

»Mein müffelndes Rätselbuch«:
© Originalausgabe: Oetinger Taschenbuch im Verlag Friedrich Oetinger GmbH, Hamburg 2015
© Olchi-Illustrationen: Erhard Dietl
© Rätsel-Illustrationen: Helge Glatzel-Poch

»Matschige Müffelwitze«:
© Originalausgabe: Oetinger Taschenbuch im Verlag Friedrich Oetinger GmbH, Hamburg 2014
© Illustrationen: Erhard Dietl
© Abbildungen: picsfive – Fotolia.com

»Die Olchis – Witze aus der Pfütze«:
© Originalausgabe: Oetinger Taschenbuch im Verlag Friedrich Oetinger GmbH, Hamburg 2011
© Illustrationen: Erhard Dietl

Druck und Bindung: Livonia Print SIA, Ventspils iela 50, LV-1002, Riga, Lettland
Printed 2021
ISBN: 978-3-8415-0651-1

www.oetinger-taschenbuch.de

www.wunder-werk.de

Inhaltsverzeichnis

RÄTSEL

Olchi-Opa hat ein altes Urlaubsfoto zerschnitten. Kannst du
die Teile wieder in der richtigen Reihenfolge zusammensetzen?
Dann weißt du, wo Olchi-Opa vor 153 Jahren war.

PO   RD   L   NO   AM

Olchi-Opa war ☐ ☐ ☐ ☐ ☐ .
                 1   2 3 4 5

Welcher Olchi isst was? Verfolge die Linien.

Die freche Kröte hat ein paar
Zahlen aus dem Sudoku gemopst.
Kannst du die fehlenden Zahlen
wieder einsetzen?

1		4	2
			3
4		3	
	1		4

Cheesy flyshit, was sieht Mister Paddock unter seiner Lupe?
Zeichne es ein.

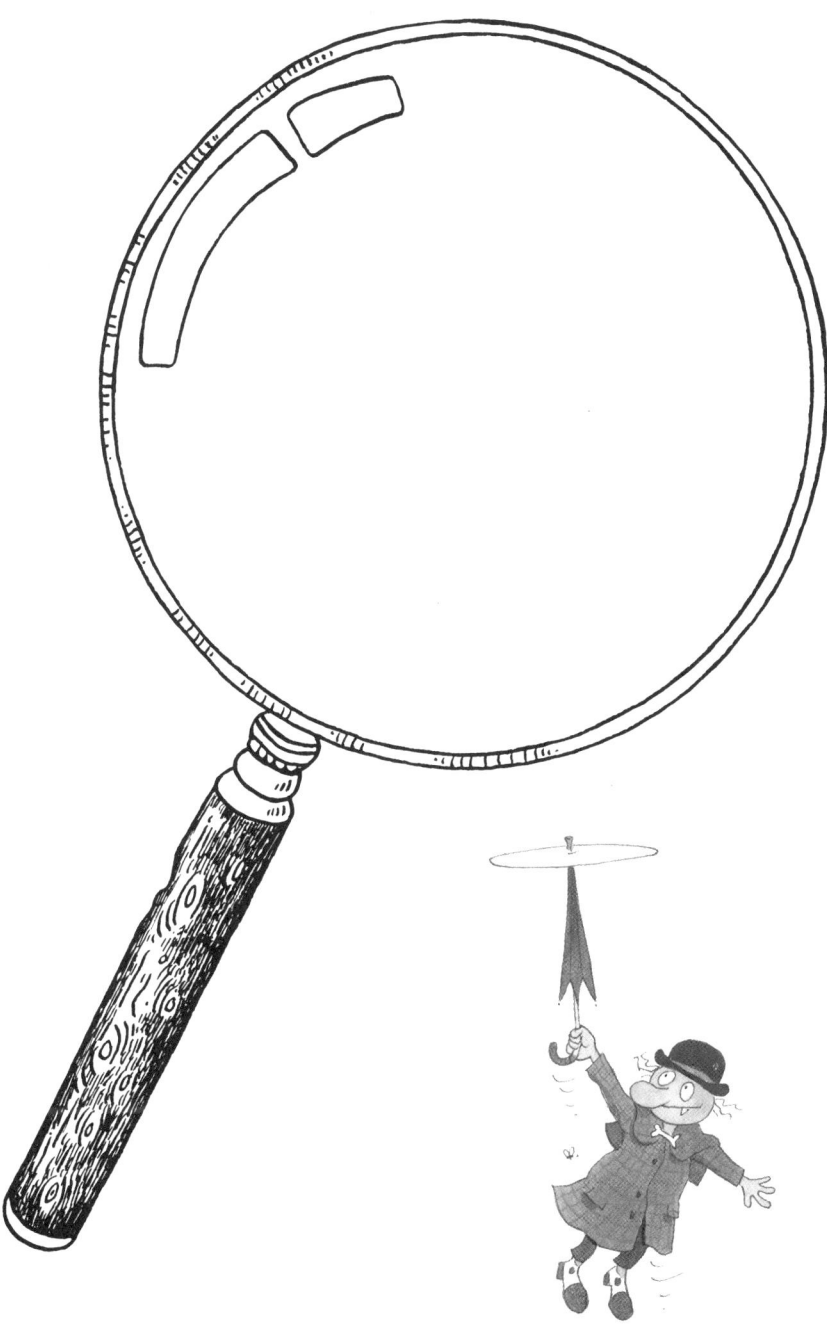

Verfolge die Wollschnüre. Eine Schnur verrät dir, was Olchi-Oma strickt.

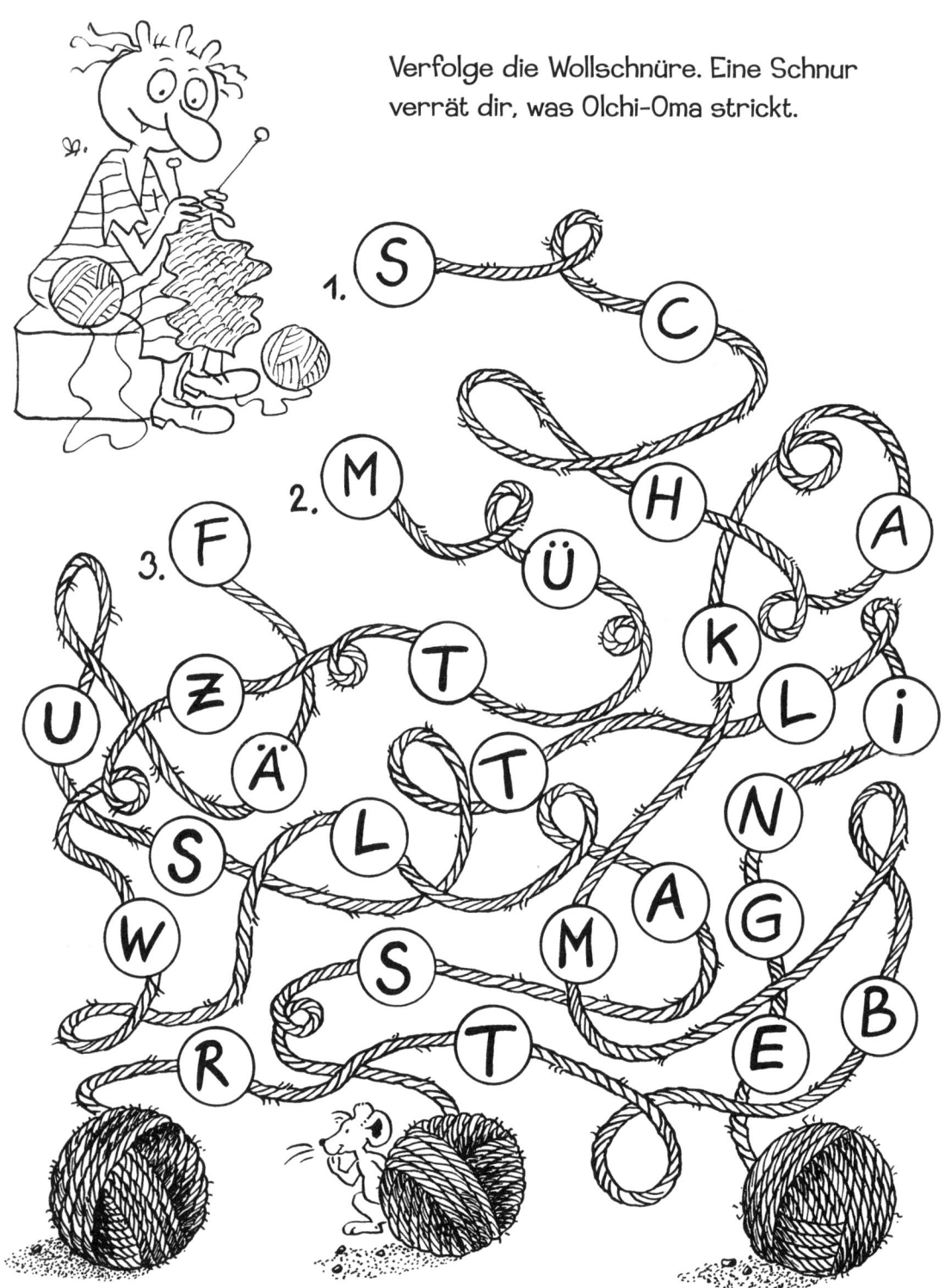

Kannst du die Lieblingswörter des blauen Olchis
im Buchstabengitter finden?

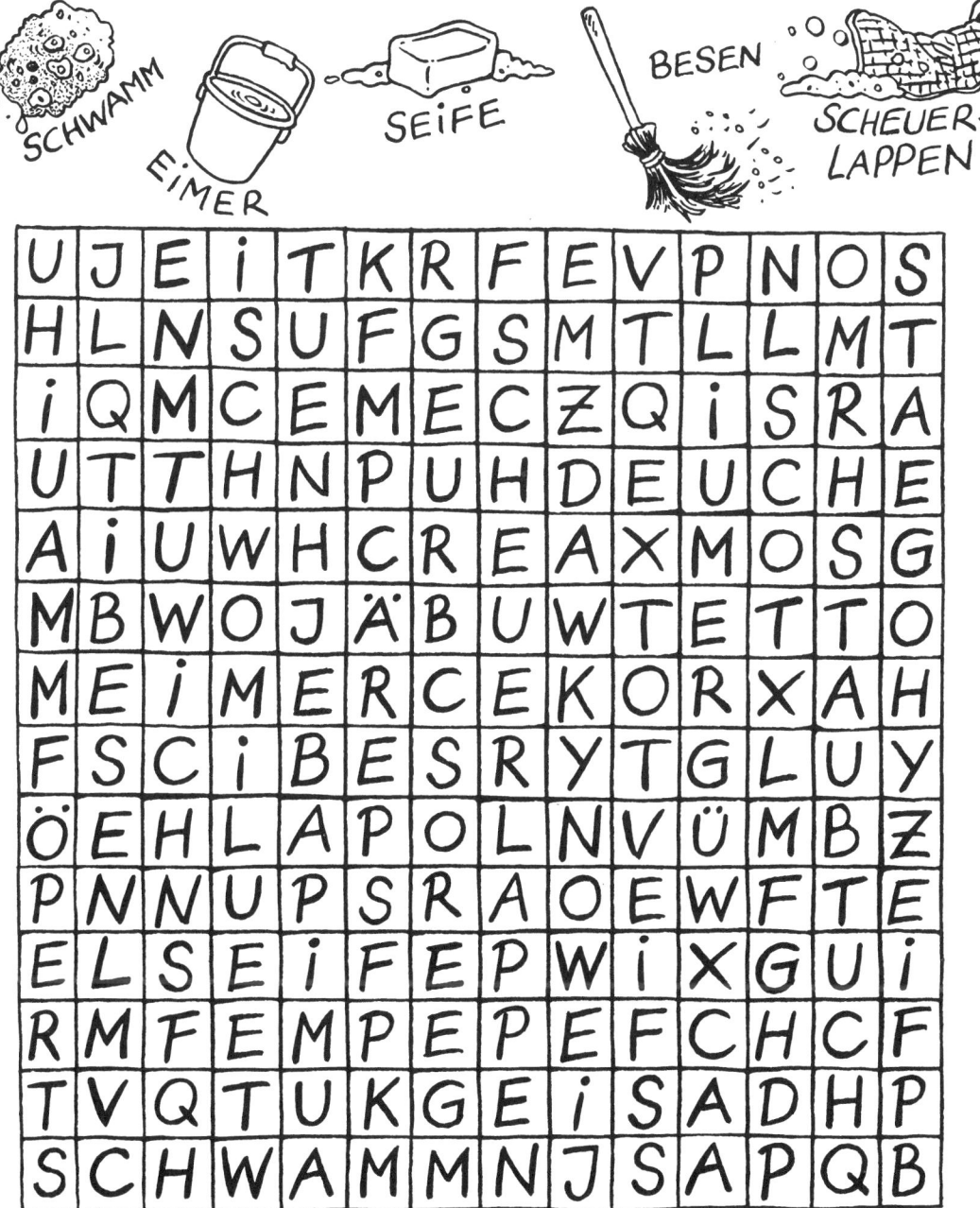

SCHWAMM

EiMER

SEiFE

BESEN

SCHEUER-
LAPPEN

U	J	E	i	T	K	R	F	E	V	P	N	O	S
H	L	N	S	U	F	G	S	M	T	L	L	M	T
i	Q	M	C	E	M	E	C	Z	Q	i	S	R	A
U	T	T	H	N	P	U	H	D	E	U	C	H	E
A	i	U	W	H	C	R	E	A	X	M	O	S	G
M	B	W	O	J	Ä	B	U	W	T	E	T	T	O
M	E	i	M	E	R	C	E	K	O	R	X	A	H
F	S	C	i	B	E	S	R	Y	T	G	L	U	Y
Ö	E	H	L	A	P	O	L	N	V	Ü	M	B	Z
P	N	N	U	P	S	R	A	O	E	W	F	T	E
E	L	S	E	i	F	E	P	W	i	X	G	U	i
R	M	F	E	M	P	E	P	E	F	C	H	C	F
T	V	Q	T	U	K	G	E	i	S	A	D	H	P
S	C	H	W	A	M	M	N	J	S	A	P	Q	B

Spotzrotz, Olchi-Papa hat ziemlich gekleckert. Wie viele Flecken
sind auf seinem Pullover?

Es sind ☐ Flecken.

Was bewahrt das Olchi-Mädchen
in seiner alten Obstkiste auf?

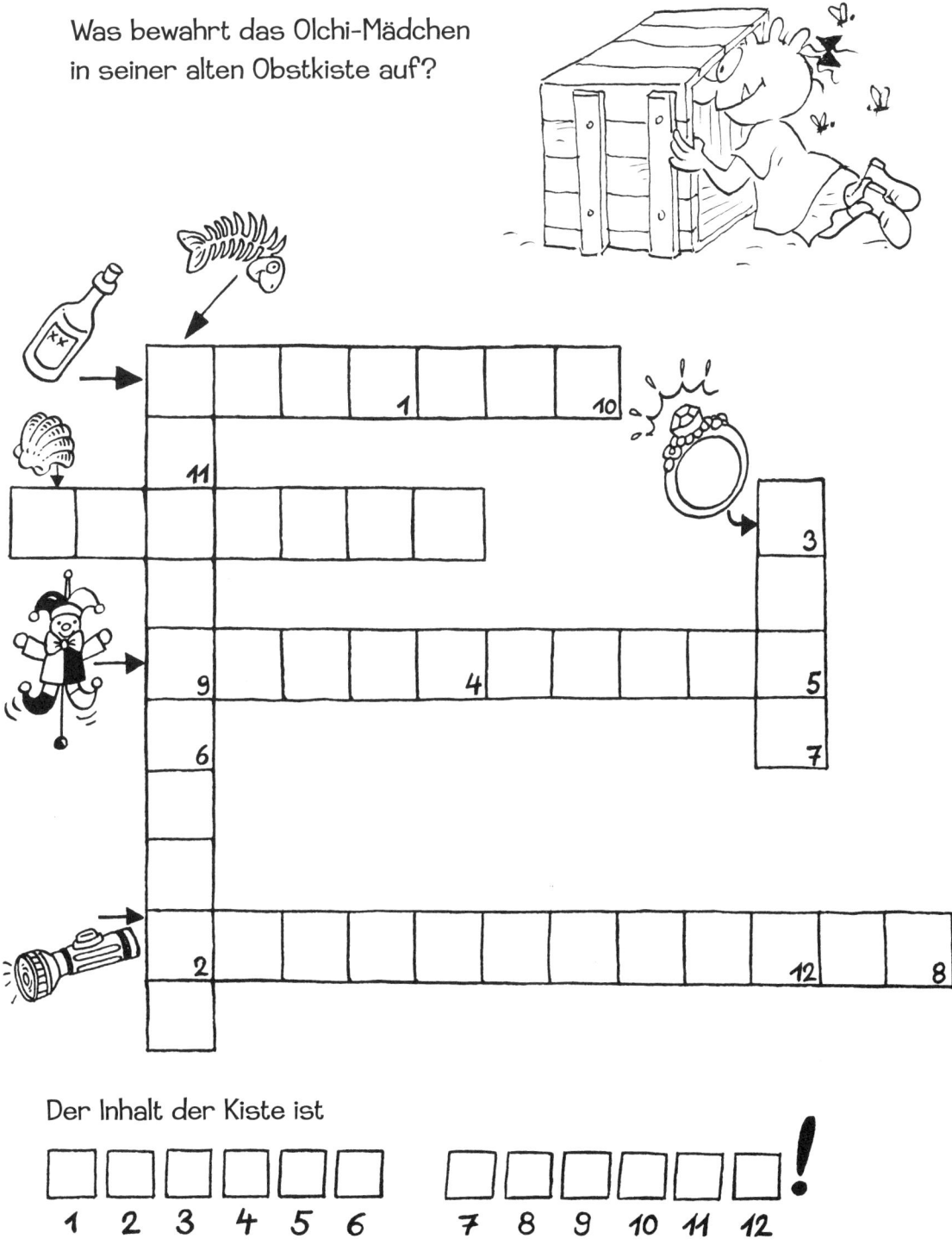

Der Inhalt der Kiste ist

☐☐☐☐☐☐   ☐☐☐☐☐☐!
1 2 3 4 5 6   7 8 9 10 11 12

Wenn du die Punkte verbindest, siehst du,
womit die Olchi-Kinder spielen.

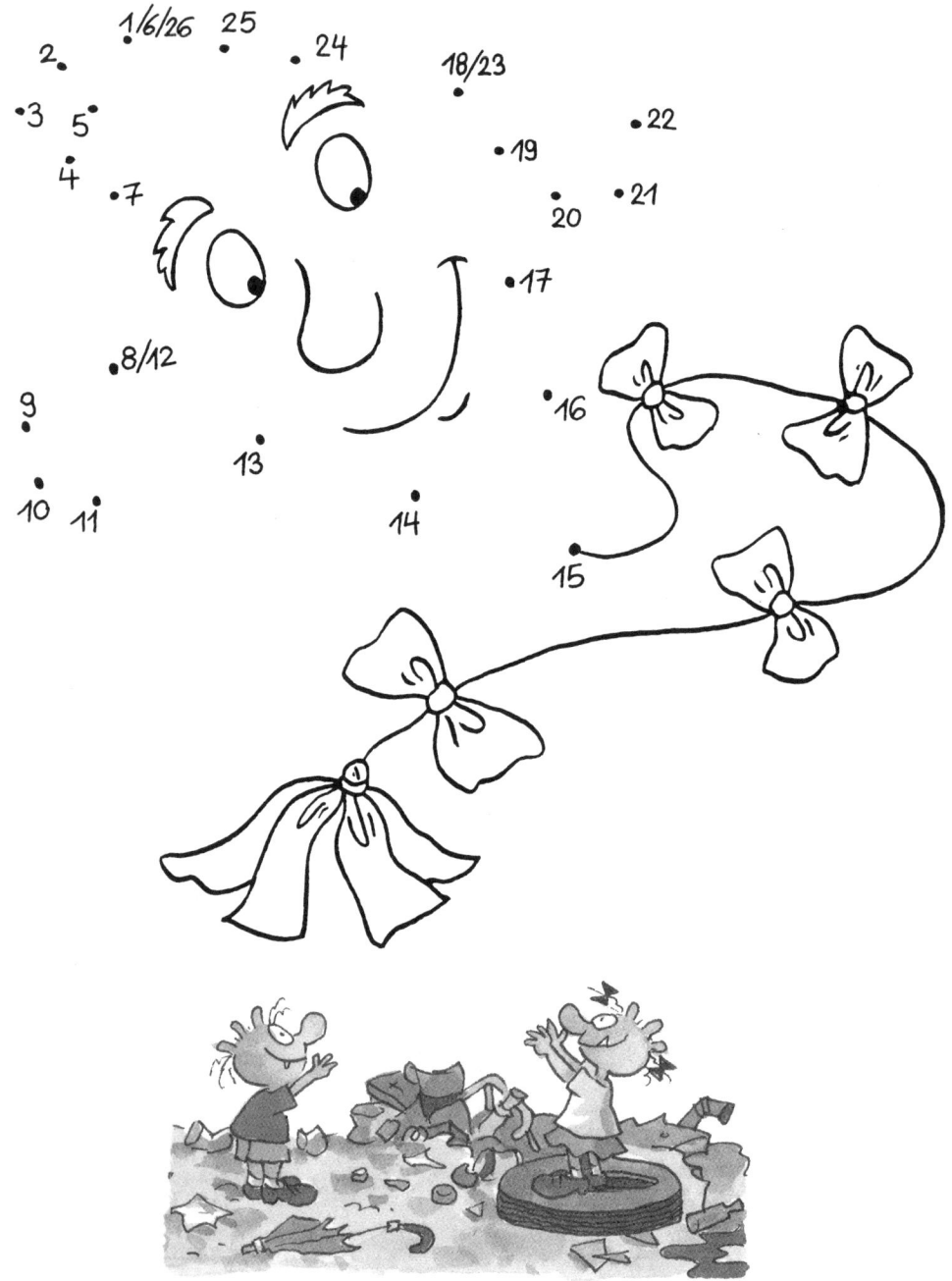

Olchi-Oma liest den Kaffeesatz. Kannst du erraten, was sie in den Tassen entdeckt? Schreibe die Lösungswörter in die Kaffeekleckse. Tipp: Es sind alles Tiere.

Welche Farben kann man in den Sätzen finden? Achtung, besonders knifflig: Die Farben können auch über zwei Wörter verteilt sein.

 Beispiel: Olchi-Mama verrührt den Stinkerkuchenteig <u>grün</u>dlich.

 **1.** Olchi-Opa sitzt auf dem Müllberg und will Vögel beobachten.

 **2.** Das Olchi-Mädchen verdrückt ein verschimmeltes Käsebrot.

 **3.** Jeder Olchi weiß, dass man von frischem Essen krank wird.

 **4.** Olchi-Papa findet ein Ablaufrohr im Müllberg.

 **5.** Das Olchi-Kind will das Zebra unbedingt streicheln.

Wie viele Fischgräten liegen auf den Haufen? Zählen sie und trage die Lösungszahlen in die Spalten ein. Die Länge der Zahlenwörter verrät dir, in welche Spalte sie gehören. Am Ende erhältst du ein Lösungswort.

Auf der Müllkippe kann man krötige Sachen entdecken.
Fällt dir zu jedem Buchstaben etwas ein?

A _____
B _____
C _____
D _____
E _____
F _____
G _____
H _____
i _____

J _____
K _____
L _____
M _____
N _____
O _____
P _____
Q _____
R _____

S _____
T _____
U _____
V _____
W _____
X _____
Y _____
Z _____

Weißt du, aus welchen Büchern die Figuren stammen, die
die Olchi-Kinder gemalt haben? Verbinde die Bilder mit den
passenden Büchern.

Im Müllberg kann man lauter nützliche Dinge für Olchi-Mamas
Küche finden. Hilfst du ihr, sie zu suchen?

Was ist auf dem Gemälde des
faulen Königs zu sehen? Male die
Zahlenfelder bunt an.

1= Hellblau , 2 =Rot, 3=Gelb, 4= Grau, 5=Hellgrün, 6=Dunkelgrün,
7=Braun

Vor vielen Jahren war Olchi-Opa im Dschungel unterwegs.
Was hat ihm dort am besten gefallen? Schreibe immer die an-
gegebenen Buchstaben der Wörter in die Lösungskästchen.

Die Olchis haben Post bekommen. Kannst du den Brief lesen?

_HRi _iEBENL

_TiNKERiCHES,

iCH SE_DEN EUCH Vi_LEE

G_ÜßER _ONV D_RE

OST_EES. HiER iST

HERR_iCHESL SCHM_DDELU-

WETTER !

EURE _ANTET _LGAO

25

Welche fünf Buchstaben gibt es nur ein einziges Mal? Wenn du sie findest und sie in die richtige Reihenfolge bringst, erhältst du ein Lösungswort.

A	R	H	V	L	Z	J	C	T
Y	K	D	F	Q	G	W	H	X
H	W	L	i	F	O	U	L	N
N	D	V	Z	B	X	K	Y	O
C	T	S	i	W	T	A	Q	L
Y	K	M	J	H	J	M	Z	C
W	D	i	O	L	P	G	B	W
H	Q	X	A	T	V	N	K	F
T	E	C	Y	M	T	D	i	H
B	G	K	A	G	V	O	B	J

Das hast du ☐ ☐ ☐ ☐ ☐ gemacht!

Hilfst du Dumpy zu seinem Gräten-Tee zu kommen?

Woran fliegen die Olchis vorbei? Trage die gesuchten Wörter in die Kästchen ein. Die Länge der Wörter verrät dir, in welche Kästchen sie gehören.

Die Olchis sehen auch einen

| 1 | 2 | 3 | 4 | 5 | 6 | 7 | 8 | 9 |

Auf der Müllkippe wohnen viele Tiere. Aber ein Tier ist dort
nicht zu Hause. Kreuze es an.

Was gehört zusammen? Verbinde jeden Olchi mit einem Gegenstand, der zu ihm passt.

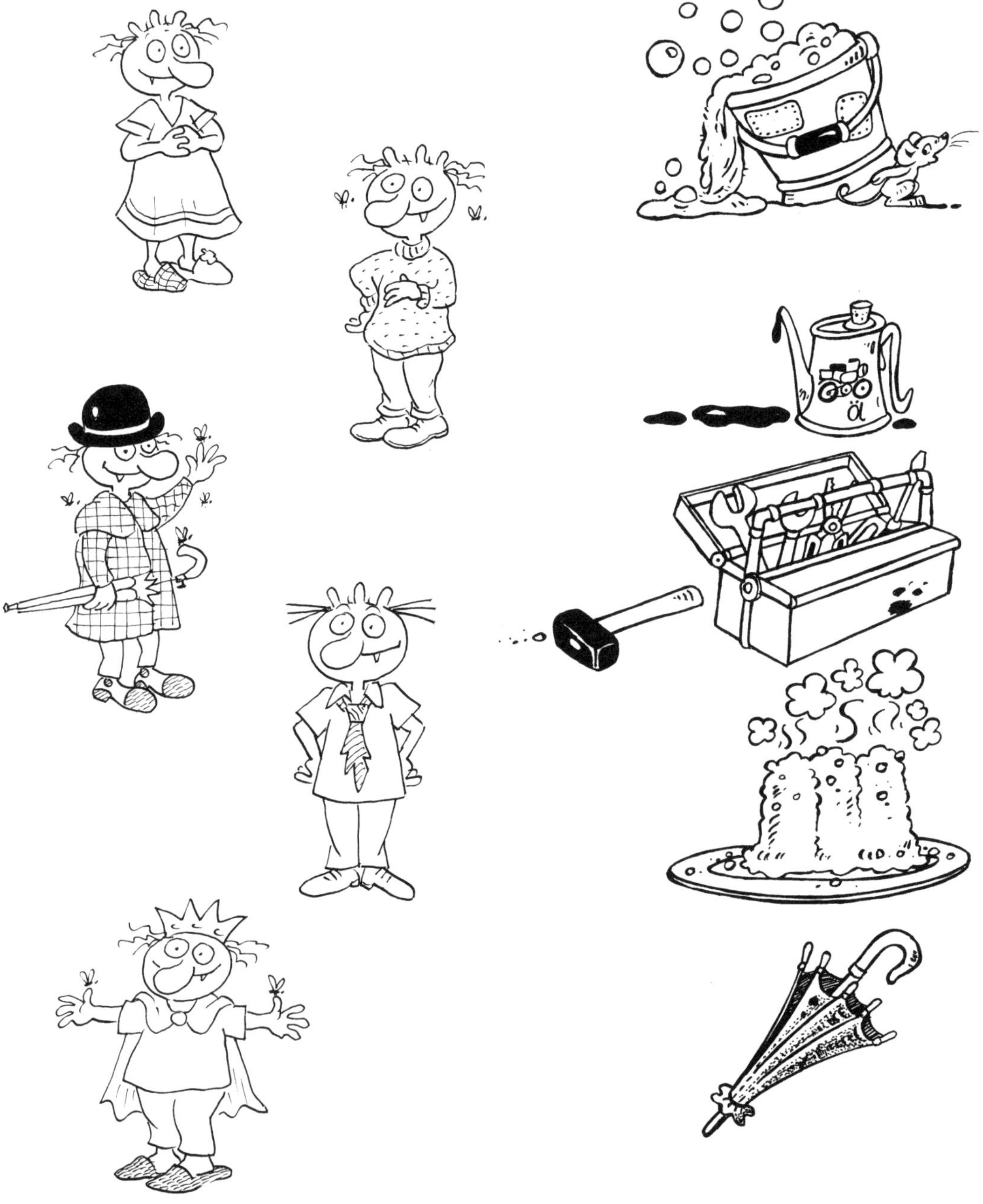

Kennst du Teekesselchen? Das sind Wörter, die zwei Bedeutungen haben. Das Olchi-Kind hat immer schon eine Bedeutung der Teekessel-Wörter gezeichnet. Kannst du die andere Bedeutung dazu malen?

Birne

Maus

Fliege

Brille

Glas

Nagel

Pfeife

Hahn

Möchtest du wissen, was Professor Brausewein erfindet?
Rechne die Aufgaben aus und schreibe die Buchstaben in
die passenden Lösungskästchen.

1	2	3	4	5	6	7	8	9	10	11	12

Die Olchi-Kinder entdecken
Tierspuren im Schnee.
Welche Fährte gehört zu
welchem Tier? Verbinde sie.

Muffel-Furz-Teufel, hier stimmt was nicht! In jede Wörterreihe hat sich ein Begriff hineingemogelt, der nicht zu den anderen passt. Kreise ihn ein.

Gestank, Mief, Frischluft, Stinkersocke, Abgas

Müllbad, Rosencreme, Schlammmaske, Moderduft-Parfüm

Stinkerkuchen, Mörtelstaubbrei, Bananenschale, Schokokeks

unordentlich, verstaubt, schlammig, sauber, schmutzig

Spinne, Ratte, Fliege, Schmetterling, Kröte

Male das olchige Mandala bunt aus.

Womit wollen die Olchis auf dem Jahrmarkt als Erstes fahren?
Löse das Kreuzworträtsel, dann erfährst du es.

Die Olchis steigen in die

1	2	3	4	5	6	7	8	9	10

Früher war Olchi-Opa oft auf Seereise, und er kennt aus dieser Zeit noch viele Wörter. Leider fällt ihm aber immer nur noch der Anfang oder das Ende der Wörter ein. Kannst du die fehlenden Hälften ergänzen?

Bull _____

_____ rad

Rettungs _____

Fischer _____

Buddel _____

_____ hetz

Galions _____

_____ flagge

Wie viele Eierschalen hat Olchi-Mama in die Bowle gerührt?
Wenn du genau hinsiehst, kannst du vielleicht sogar die
zusammengehörigen Hälften verbinden.

Es sind ☐
Eierschalen.

Im unteren Bild haben sich sieben Fehler eingeschlichen.
Findest du sie?

Was singen die Olchis?

Was hat Olchi-Oma in der alten Plastiktüte entdeckt?
Zeichne es ein.

Einen der gemusterten Stoffe hat Tante Olga für zwei Kleider
verwendet. Weißt du, welcher Stoff es ist?

Die vier Bilder dürfen in jeder Zeile, in jeder Spalte und in jedem der vier Kästchen nur genau ein mal vorkommen. Malst du die fehlenden Bilder in die Lücken?

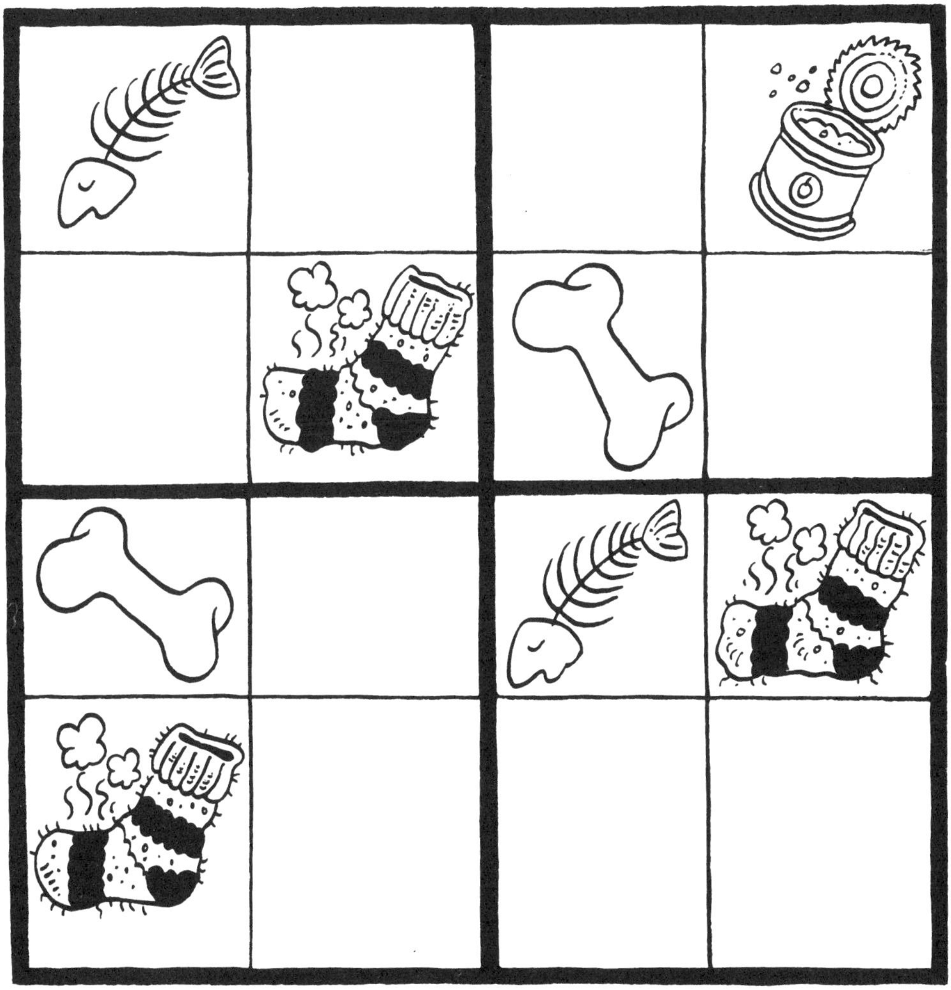

Hilfst du den Olchi-Kindern beim Zählen?
Wie viele Tiere sind auf den alten
Verpackungen abgebildet?

MILCH

Wunder-Kerzen

Marzipanpralinen

KEKSE

HONIG

RAVIOLI

LIMO

LAND-HEU

SPÜLI

SUPER DOGGY

SARDINEN IN ÖL

Es sind ☐ Tiere.

Welche olchige Weisheit wird hier gesucht?
Löse das Bilderrätsel.

FÜR OLCHI-PROFIS!

Teste dein Olchi-Wissen! Beantworte die Quiz-fragen und trage die Buchstaben der Reihe nach in die Lösungskästchen ein.

	Richtig	Falsch
Die Olchis waschen sich täglich.	☐ S	☐ G
Die Olchis leben in einem alten Wohnwagen auf der Müllkippe.	☐ C	☐ R
Die Olchis haben nie Bauchweh.	☐ Ä	☐ H
Die Olchis sind immer schlecht gelaunt.	☐ E	☐ T
Die Olchis müssen weder zur Arbeit noch in die Schule.	☐ i	☐ L
Die Olchis haben eine grüne Haut.	☐ G	☐ M

☐ ☐ ☐ ☐ ☐ ☐ !

Was müffelt denn hier so herrlich?
Verbinde die Punkte.

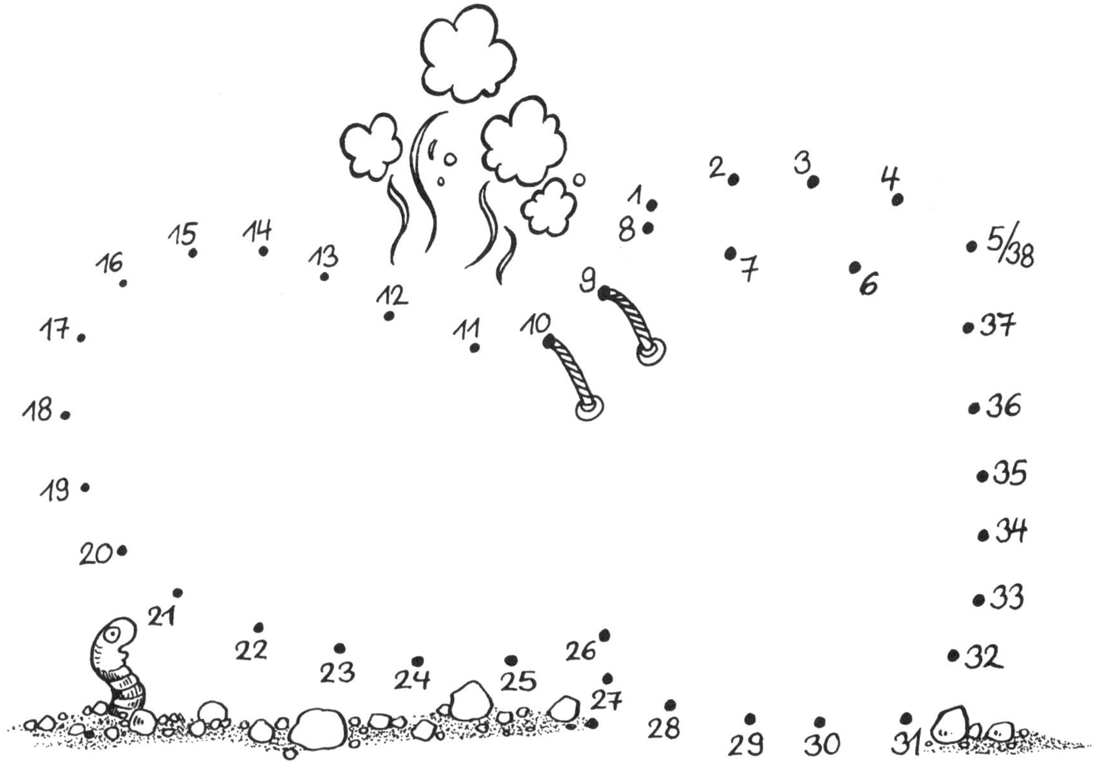

2 •   3 •   4 •

1 •
8 •

15 •   14 •   13 •
16 •   12 •

• 7   • 6

• 5/38

9 •

17 •

11 •   10 •

• 37

18 •

• 36

19 •

• 35

20 •

• 34

21 •

• 33

22 •   26 •

• 32

23 •   24 •   25 •

27 •

28 •   29 •   30 •   31 •

47

Olchi-Papa will seinen Werkzeugkasten entrümpeln. Weißt du, welche Sachen er doppelt hat? Die Sachen müssen nicht ganz genau gleich aussehen. Kreise sie ein.

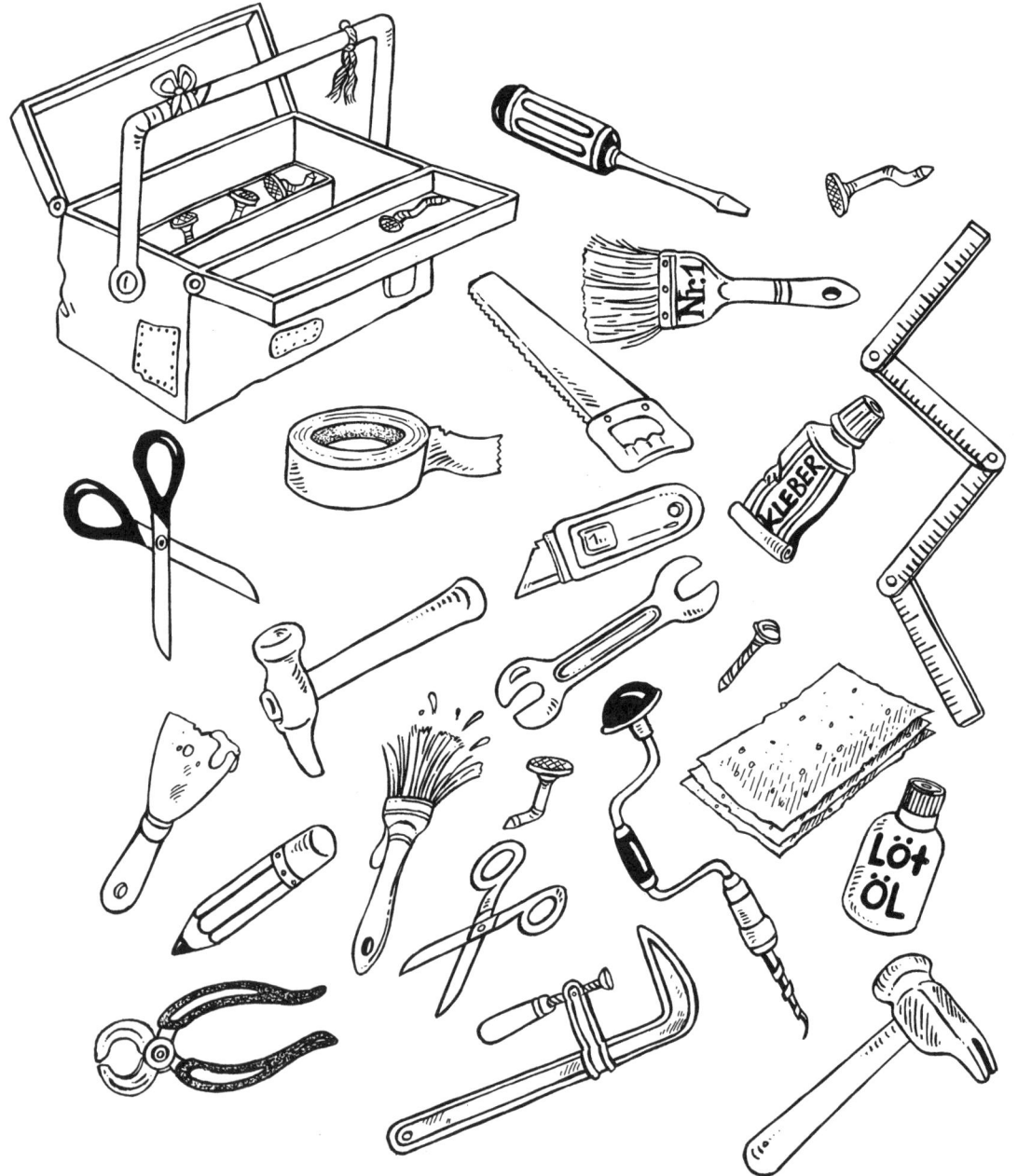

Was sagen die Olchis? Verfolge die Buchstabenschnüre und trage die Lösungen in die Sprechblasen ein.

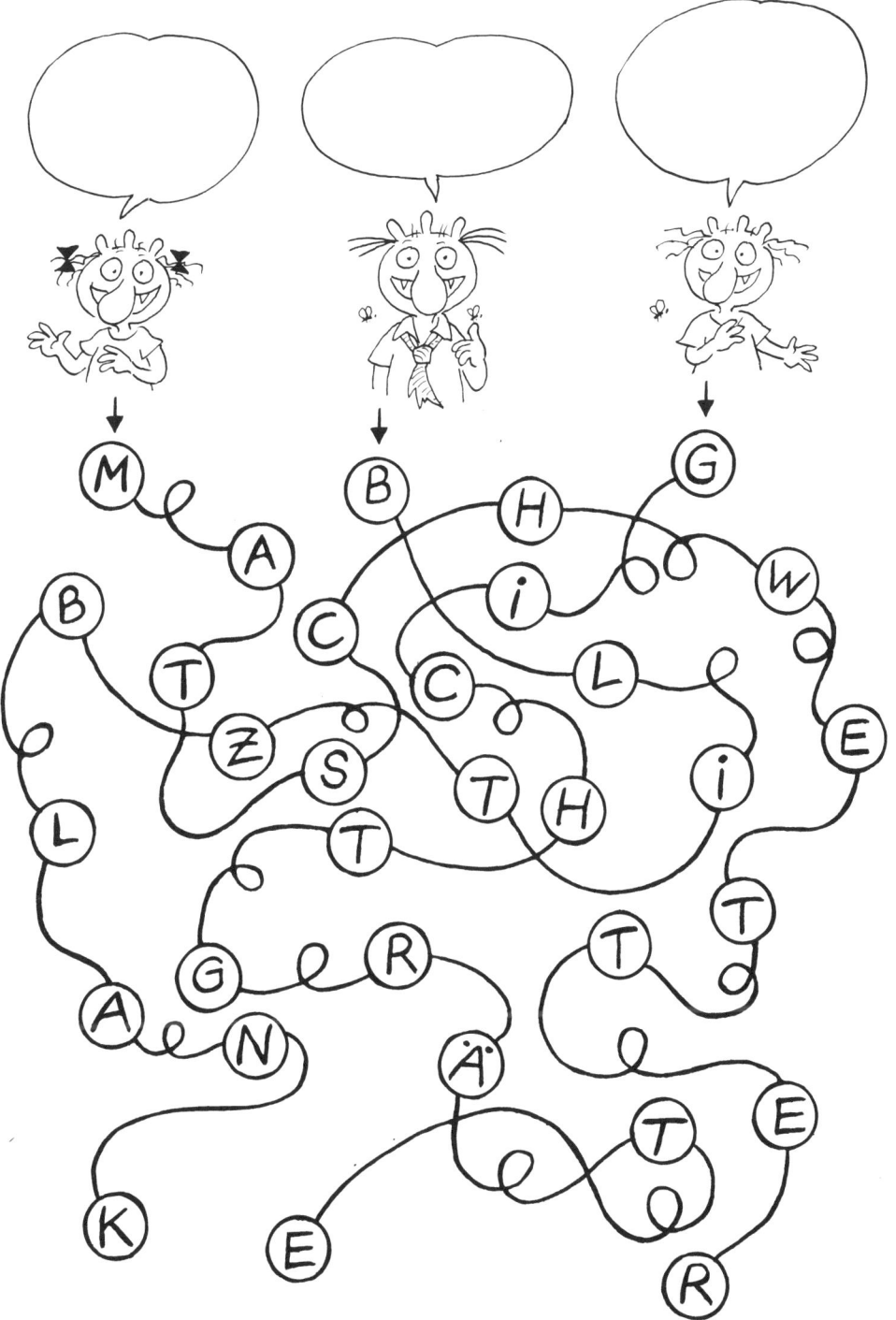

Das Olchi-Mädchen hat ein schönes Bild gemalt.
Was ist darauf zu sehen?

1 = Grün   5 = Rosa

2 = Blau   6 = Grau

3 = Gelb   7 = Braun

4 = Rot

Wühlst du auch so gerne im Müll wie die Olchis? Bringe die Buchstaben in die richtige Reihenfolge, dann weißt du, was im Müll steckt. Tipp: Die Anfangsbuchstaben sind fett geschrieben.

Was hat der Olchi-Junge aus dem Tümpel gezogen? Schreibe immer den letzten Buchstaben der abgebildeten Wörter in die Lösungskästchen.

Die Olchi-Kinder haben eine Truhe gefunden. Was steht auf der Pergamentrolle, die darin liegt? Verwende die Geheimschrift von Seite 54.

Olchige Geheimschrift

A =

B =

C =

D =

F =

E =

G =

H =

i =

J =

K =

L =

M =

N =

O =

P =

Q =

R =

S =

T =

U =

V =

W =

X =

Y =

Z =

Im unteren Bild stecken fünf Fehler. Findest du sie?

Welche Maus hat den Schimmelkäse aus
der Muffelhöhle stibitzt?
Sie hat einen gekringelten Schwanz
und eine dunkle Nase, sie braucht
keine Brille, sie hat etwas auf dem Kopf,
und sie trägt etwas mit Pünktchen.

Wohin laufen die Olchi-Kinder? Du findest es heraus,
wenn du jeden dritten Buchstaben einsammelst.

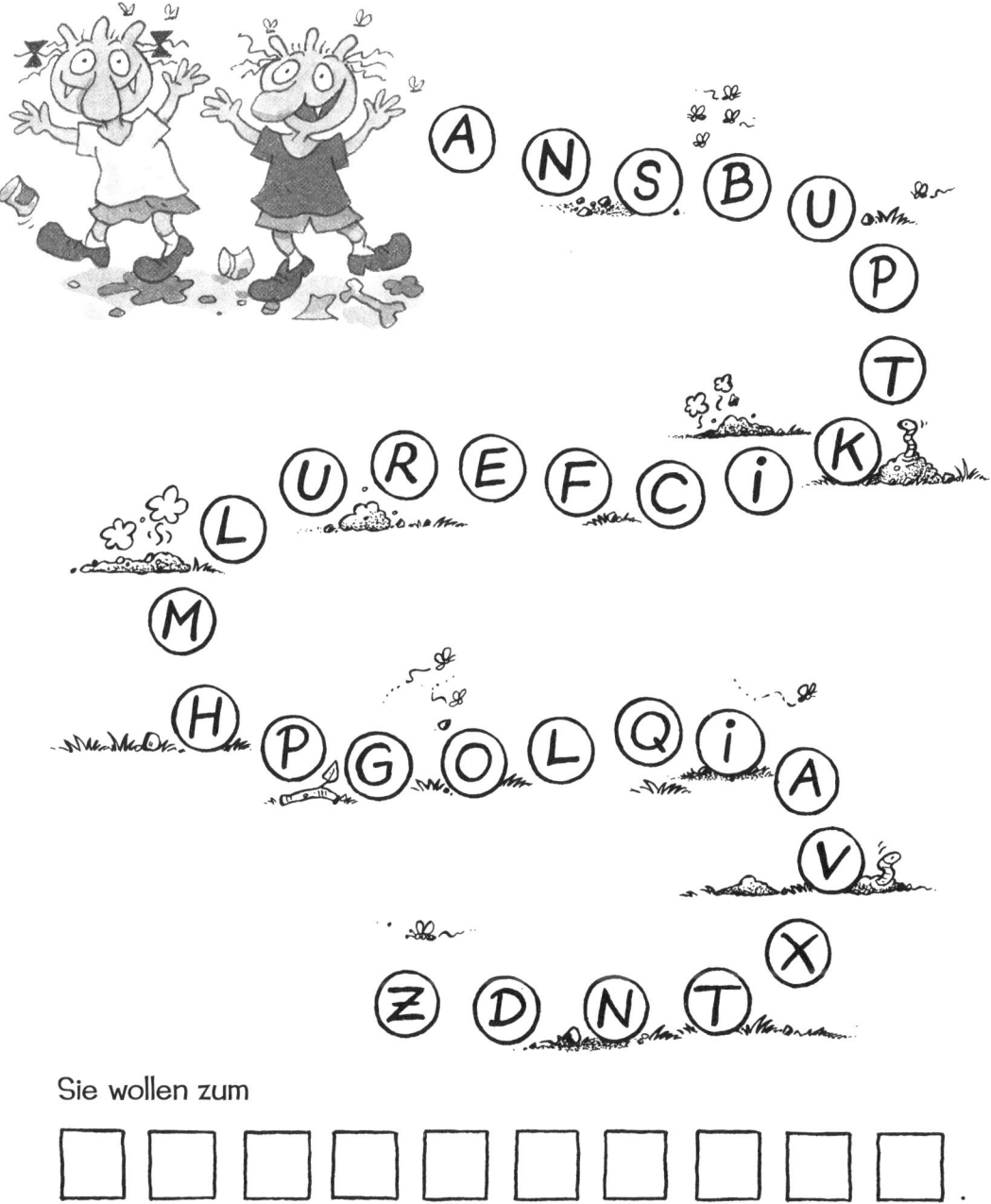

Sie wollen zum

.

Fällt dir jeweils ein Wort ein, das vor die drei anderen Wörter gestellt werden kann? Tipp: Gesucht werden Begriffe, die alle Olchis lieben.

Beispiel:

Schmutz
...fink
...fleck
...wasser

...schirm
...rinne
...wetter

...berg
...sack
...auto

...nase
...frech
...fahne

...schlacht
...Knödel
...pfütze

Welcher Olchi hat am meisten Stinkerkekse gegessen? Rechne die Aufgaben aus.

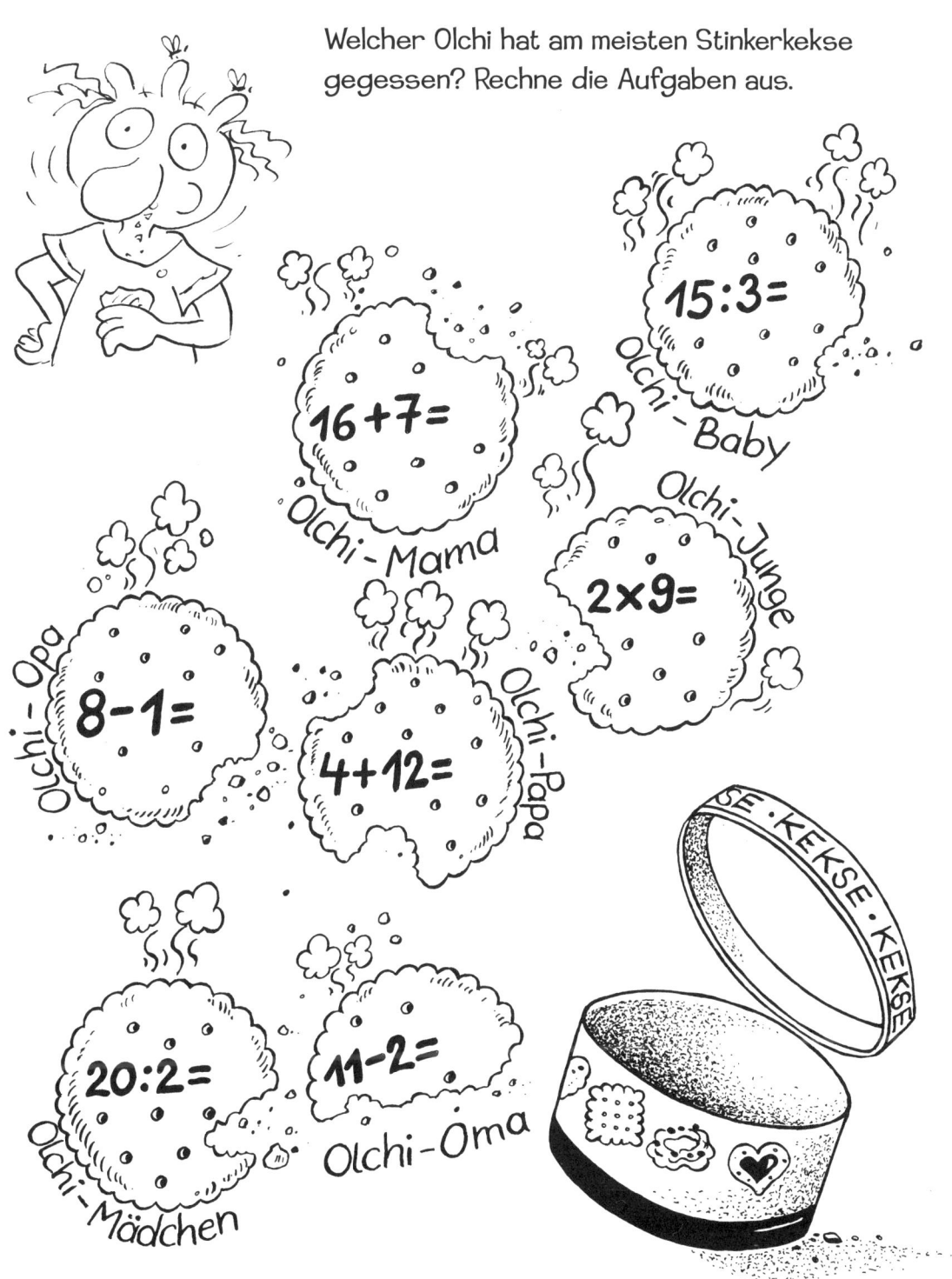

$15:3=$ Olchi-Baby

$16+7=$ Olchi-Mama

$2\times9=$ Olchi-Junge

Olchi-Opa $8-1=$

$4+12=$ Olchi-Papa

$20:2=$ Olchi-Mädchen

$11-2=$ Olchi-Oma

KEKSE · KEKSE · KEKSE

Suche die Wörter im Buchstabengitter. Sie beschreiben,
wie es in der Muffelhöhle riecht.

vergammelt   ranzig

modrig   verfault

muffig   verschimmelt

M	G	Ä	E	N	N	i	C	O	R	Y	R	S
O	L	T	H	B	F	Q	P	L	N	V	A	Ä
F	F	M	D	J	i	D	X	T	U	E	N	T
U	R	O	V	J	S	C	H	P	L	R	Z	F
Q	S	D	E	K	Ö	V	R	Ä	S	S	i	M
V	E	R	G	A	M	M	E	L	T	C	G	N
Z	C	i	X	D	U	A	S	A	i	H	N	B
F	N	G	A	R	F	M	Ü	U	N	i	A	L
U	E	B	E	i	F	L	M	L	K	M	E	N
T	L	H	R	G	i	V	M	T	i	M	H	R
A	M	i	K	O	G	E	E	E	G	E	C	E
T	M	E	N	P	S	R	L	L	i	L	J	K
V	E	R	F	A	U	L	T	T	T	O	T	L	V

Kannst du Olchi-Opas olchige Fragen beantworten?
Trage die Lösungen in das Kreuzworträtsel ein.

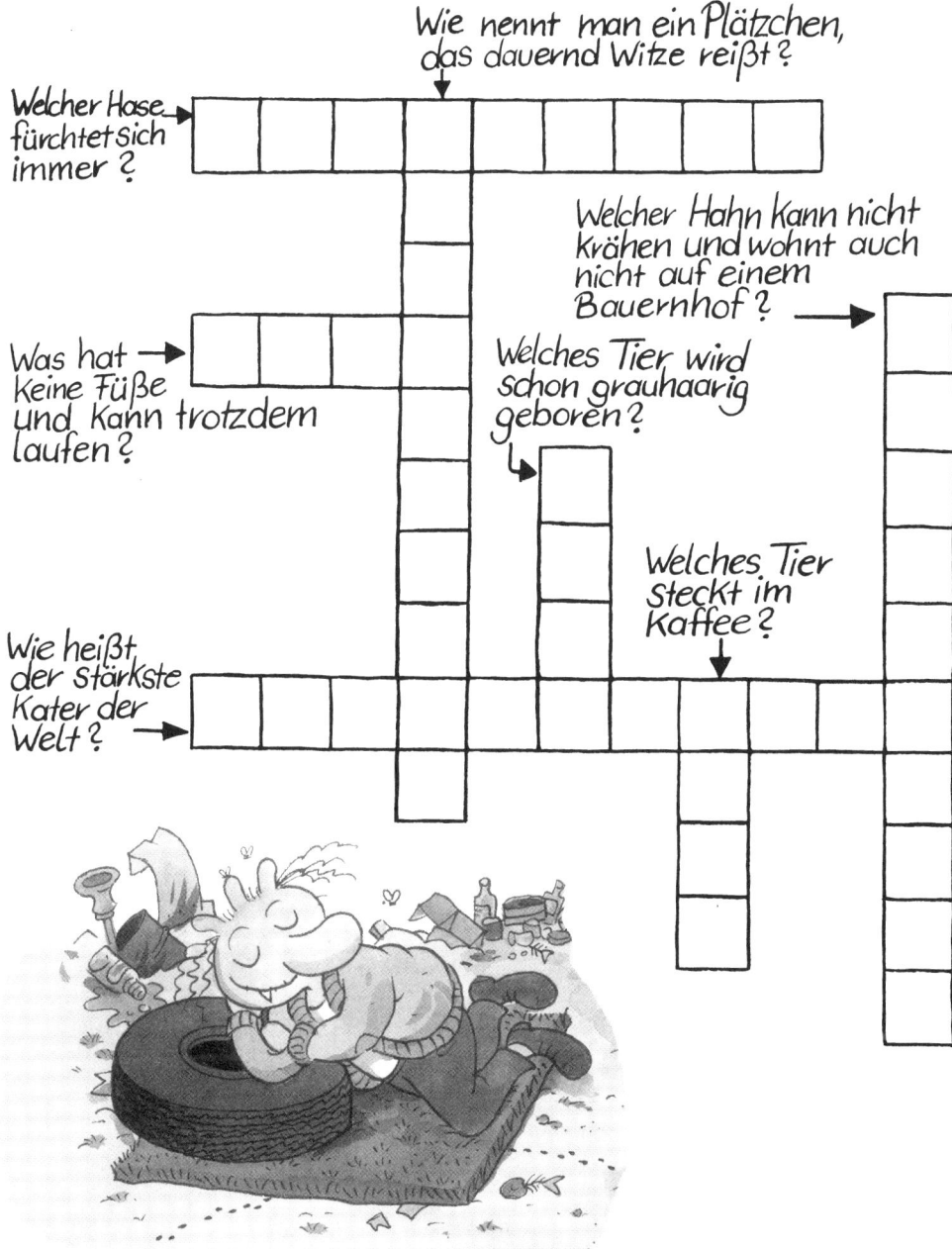

Wie nennt man ein Plätzchen, das dauernd Witze reißt?

Welcher Hase fürchtet sich immer?

Welcher Hahn kann nicht krähen und wohnt auch nicht auf einem Bauernhof?

Was hat keine Füße und kann trotzdem laufen?

Welches Tier wird schon grauhaarig geboren?

Welches Tier steckt im Kaffee?

Wie heißt der stärkste Kater der Welt?

In Schmuddelfing hat es geschneit. Zum Glück findet Olchi-Papa auf der Müllkippe warme Kleidung. Setze die Bilder zu Wörtern zusammen, dann weißt du, was für Sachen es sind.

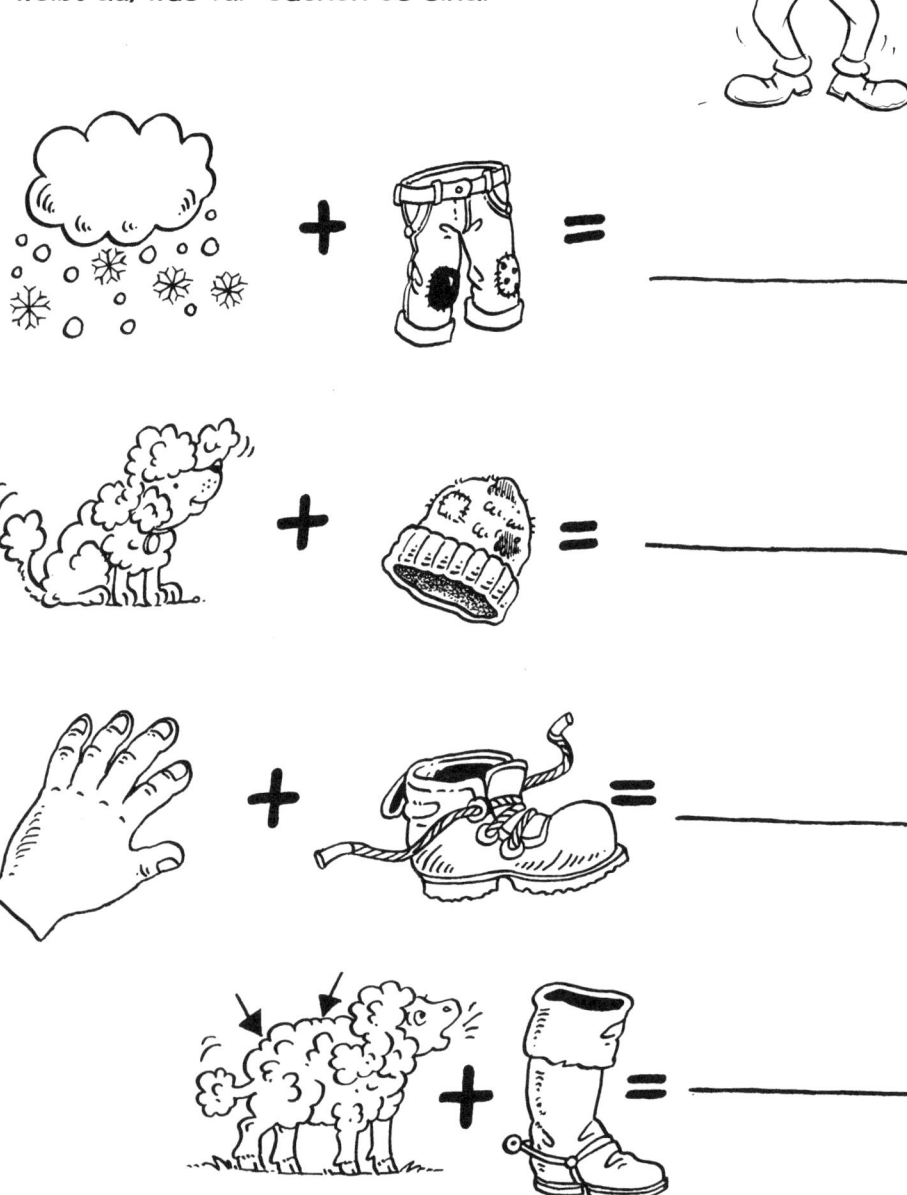

Olchi-Mama hat ihren Hut im Müllberg verloren. Hilfst du ihr beim Suchen? Kreise den Hut ein. Vielleicht findest du auch Olchi-Omas Teekanne und den Teddy vom Olchi-Baby?

Der blaue Olchi kommt nach Schmuddelfing, um die Muffelhöhle aufzuräumen. Aber er hat etwas Wichtiges zu Hause liegen gelassen. Kreise jeden vierten Buchstaben ein, dann erhältst du ein Lösungswort.

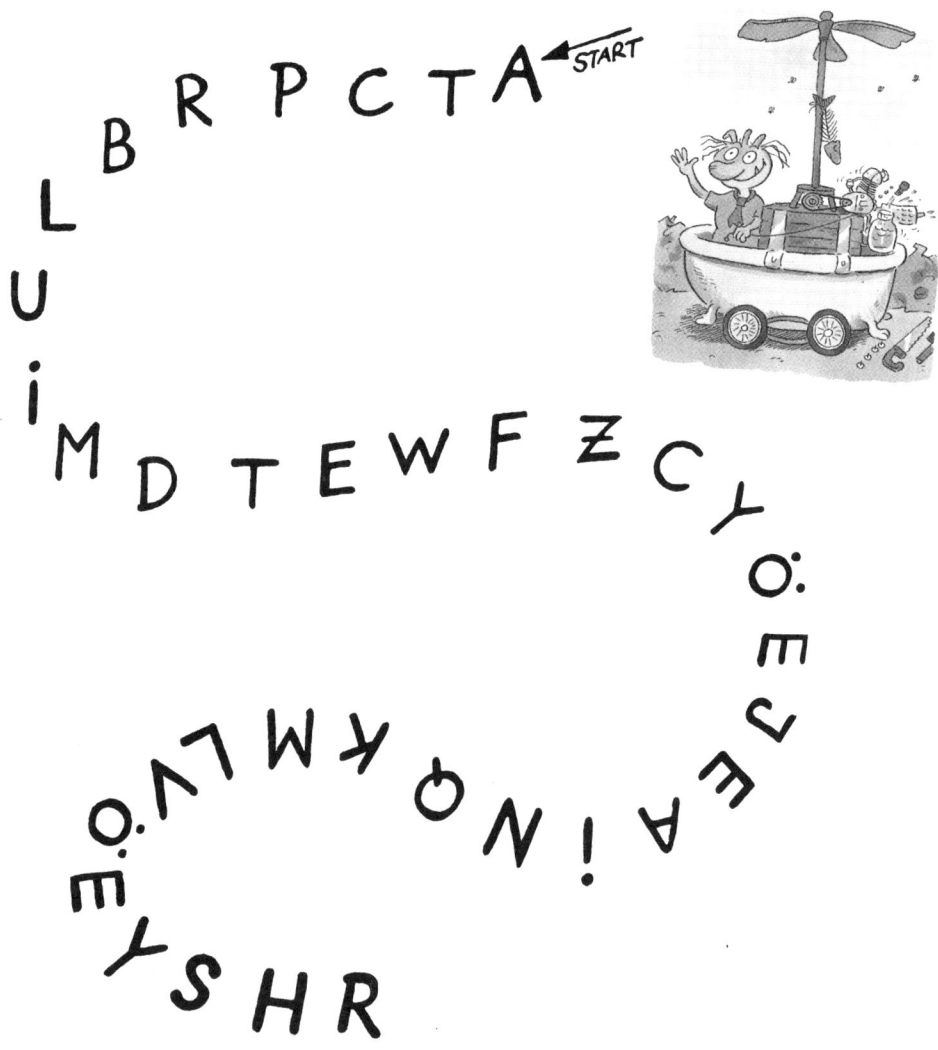

START

B R P C T A
L
U
i
M D T E W F Z C Y Ö: E m e
Ö V L M K Q N i A E Z
E Y S H R

Der blaue Olchi hat seinen

⬜⬜⬜⬜⬜⬜⬜⬜ vergessen.

64

Oh Käsefuß! Die Maus hat das Sudoku angenagt. Setzt du die fehlenden Zahlen in die Löcher?

Der Drache Feuerstuhl hat so sehr geniest, dass die Buchstaben der Wörter durcheinandergeraten sind. Bringst du sie wieder in die richtige Reihenfolge?

SCHMMLA

PUSP

KRTÖE

STENKIRSECKO

RETTA

MEFFULHEHLÖ

SCHOHSEHLU

GENRETTERWE

HUHCS

PFETZÜ

CHEDRA

Was ist auf Tante Olgas Bild zu sehen? Male die Zahlenfelder an.

1 = Blau   4 = Braun
2 = Grün   5 = Schwarz
3 = Rot   6 = Gelb

Kannst du die Olchis durch das Labyrinth
zum Stinkerkuchen führen?

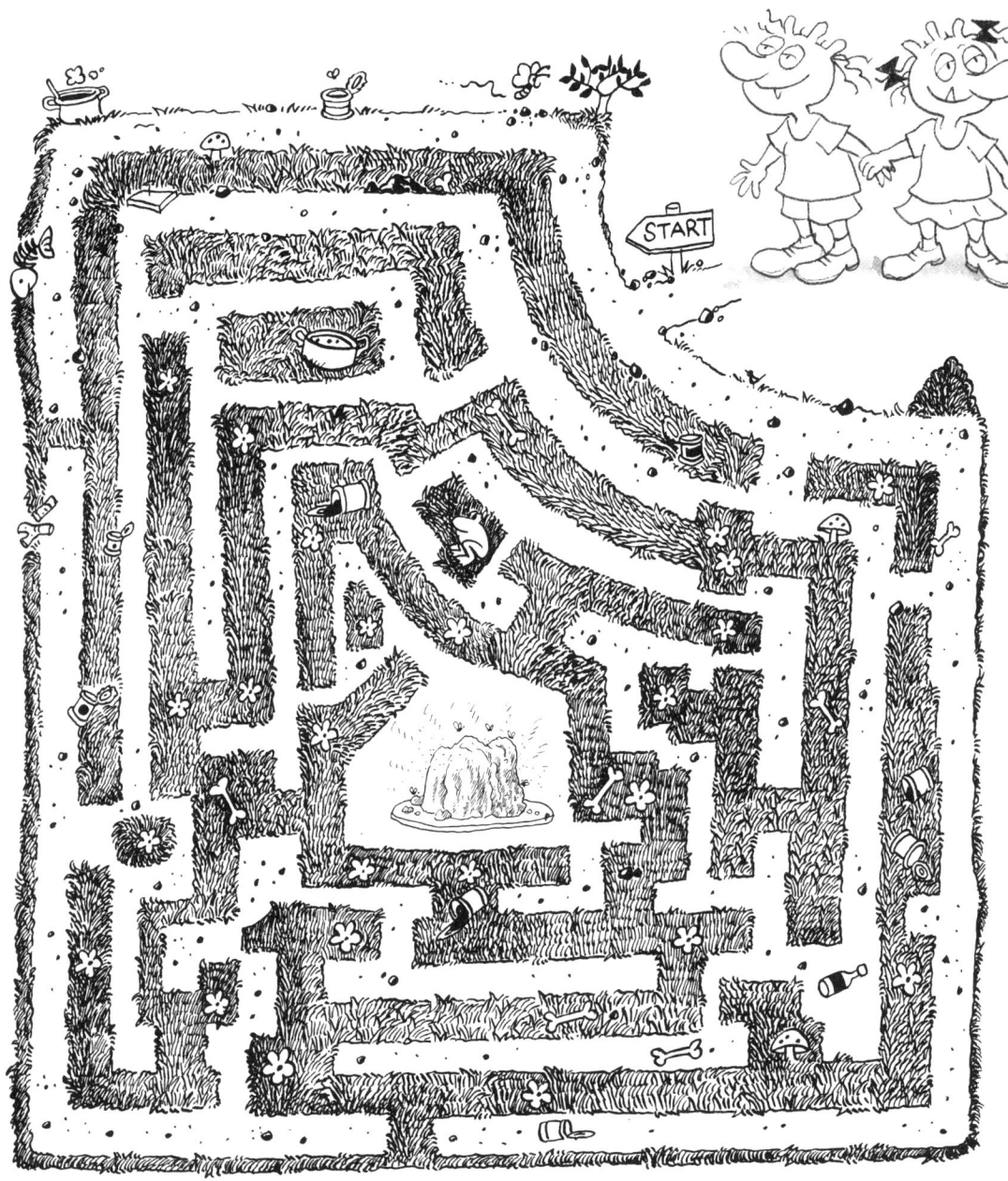

Die Olchis haben grätige Weihnachtsgeschenke auf der Müllkippe zusammengesammelt. Schreibe die Namen der Gegenstände in das Kreuzworträtsel, dann erhältst du ein Lösungswort.

Die Olchis freuen sich auf die

1	2	3	4	5	6	7	8	9	10

.

Olchi-Papa hat allerhand in den Müllbergen aufgestöbert.
Suche die Sachen im Buchstaben-Gewirr und rahme sie ein.

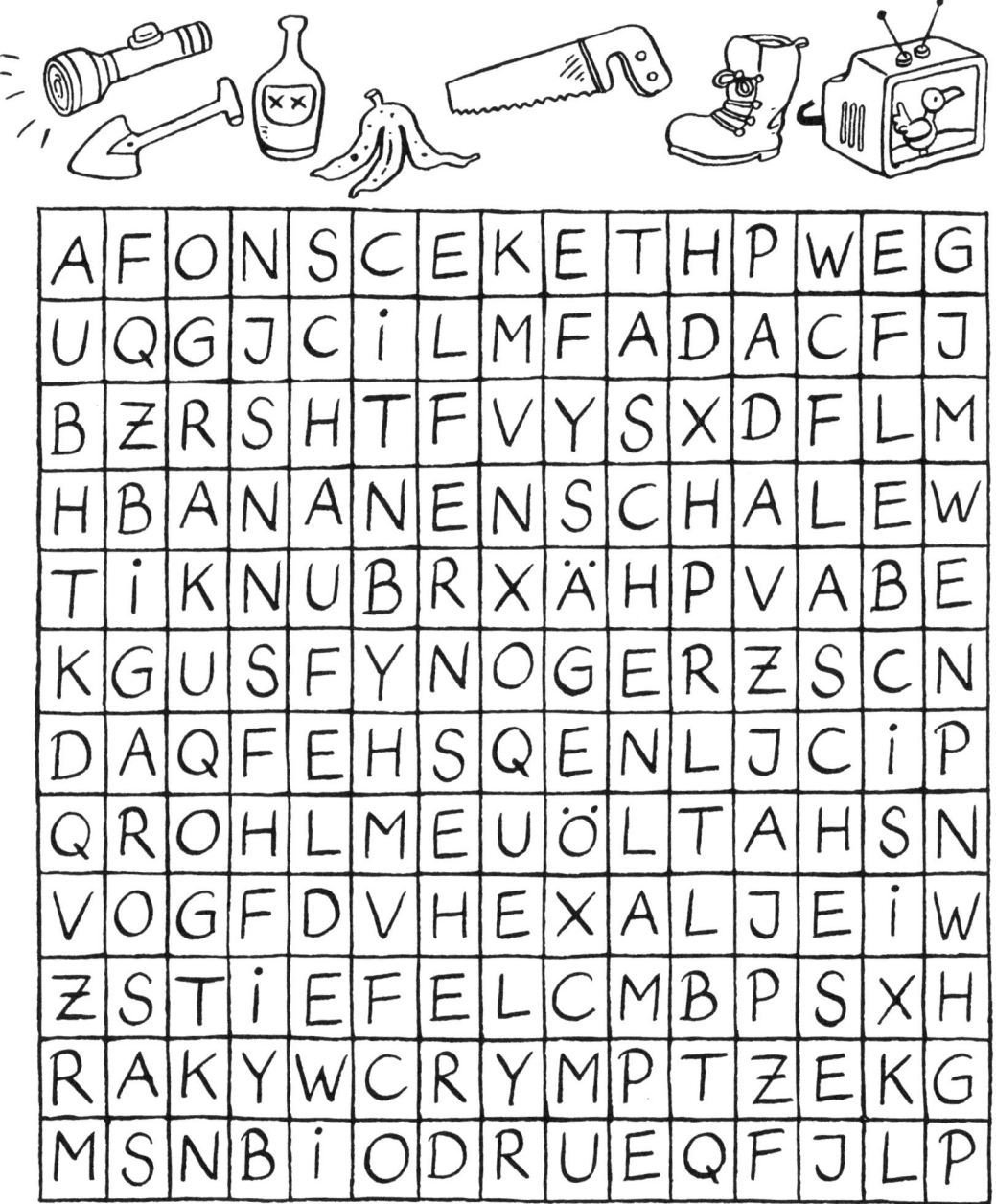

A	F	O	N	S	C	E	K	E	T	H	P	W	E	G
U	Q	G	J	C	i	L	M	F	A	D	A	C	F	J
B	Z	R	S	H	T	F	V	Y	S	X	D	F	L	M
H	B	A	N	A	N	E	N	S	C	H	A	L	E	W
T	i	K	N	U	B	R	X	Ä	H	P	V	A	B	E
K	G	U	S	F	Y	N	O	G	E	R	Z	S	C	N
D	A	Q	F	E	H	S	Q	E	N	L	J	C	i	P
Q	R	O	H	L	M	E	U	Ö	L	T	A	H	S	N
V	O	G	F	D	V	H	E	X	A	L	J	E	i	W
Z	S	T	i	E	F	E	L	C	M	B	P	S	X	H
R	A	K	Y	W	C	R	Y	M	P	T	Z	E	K	G
M	S	N	B	i	O	D	R	U	E	Q	F	J	L	P

Das Olchi-Kind hat die Wörter mit Schlammknödeln beworfen. Weißt du, welche Buchstaben sich unter dem Schlamm verstecken? Trage sie in die Lösungsreihe ein.

STI🟣KERBREI
2

FISCHGRÄT🟣
5

KR🟣TE
3

BAUMSCHWAMM🟣IMONADE
6

MÜLL🟣IPPE
1

SCHLAMMBA🟣
4

Lösungswort:

1	2	3	4	5	6

Im unteren Bild haben sich 8 Fehler eingeschlichen.
Findest du sie?

Welcher Olchi nimmt ein Schlammbad? Kreuze die Lösung an.

Öje, der blaue Olchi hat das Sudoku geputzt und dabei ein paar Zahlen weggewischt. Kannst du die fehlenden Zahlen wieder eintragen?

Welches Motiv ist auf der Memo-Karte abgebildet, die das Olchi-Kind in der Hand hält? Vielleicht entdeckst du sogar den Fehler, der sich eingeschlichen hat: Welche Karte gibt es drei Mal?

Dieses Motiv ist auf der Karte zu sehen:

☐ ☐ ☐ ☐ ☐

Was zaubert der Magier Spirelli aus dem Hut? Male es auf die Seite.

Was trifft auf die Olchis zu und was nicht? Kreuze die richtigen Aussagen an und trage die dazugehörigen Buchstaben nacheinander in die Kästchen am Ende der Seite. Dann erhältst du ein Lösungswort.

Wenn ein Olchi etwas Frisches gegessen hat. . . . ➡ wird er krank und bekommt am ganzen Körper bunte Flecken. ☐ **R**

...geht es ihm prima, und er springt durch die Gegend. ☐ **L**

Olchis werden... ➡ ...so alt wie wir Menschen. ☐ **B**

... uralt. ☐ **Ü**

Olchis haben... ➡ ...Muskeln wie aus Gummi. ☐ **M**

...Muskeln wie aus Eisen. ☐ **L**

Olchis mögen... ➡ ...Parfümduft. ☐ **H**

...feinfauligen Gestank. ☐ **P**

Mit dem mittleren Hörhorn kann ein Olchi... ➡ ...alle Sprachen der Welt verstehen. ☐ **S**

...wackeln. ☐ **E**

Lösungswort: ☐ ☐ ☐ ☐ ☐

Was wollen die Olchi-Kinder gleich machen? Wenn du den richtigen Weg durch das Buchstaben-Labyrinth findest, erfährst du es.

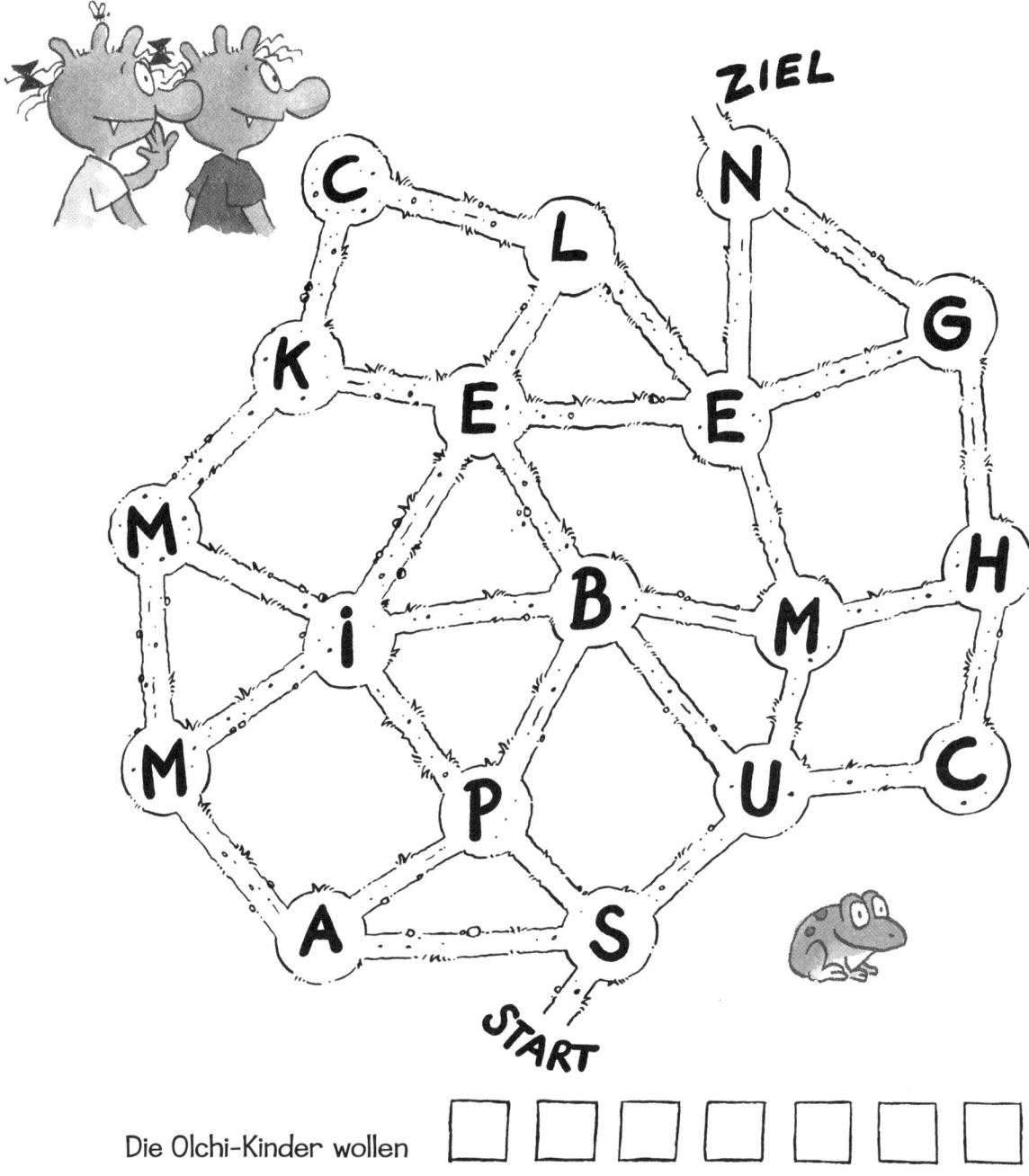

Die Olchi-Kinder wollen ☐ ☐ ☐ ☐ ☐ ☐ ☐

FÜR · OLCHI · PROFIS!

Welche dieser Sätze würde ein Olchi niemals denken?
Streiche die Wolken mit den falschen Sätzen durch.

Ich habe ständig Hunger.

Regen ist doof.

Ich liebe Schlamm!

Gestank ist eklig!

Frisches Essen ist lecker und gesund.

Ich wühle gerne im Müll.

Man sollte sich jeden Tag waschen.

Beim Essen darf man nicht rülpsen.

Ich bin bärenstark!

Verfolge den Weg der Olchi-Kinder.
Wer von den beiden hat unterwegs
mehr Fischgräten gesammelt?

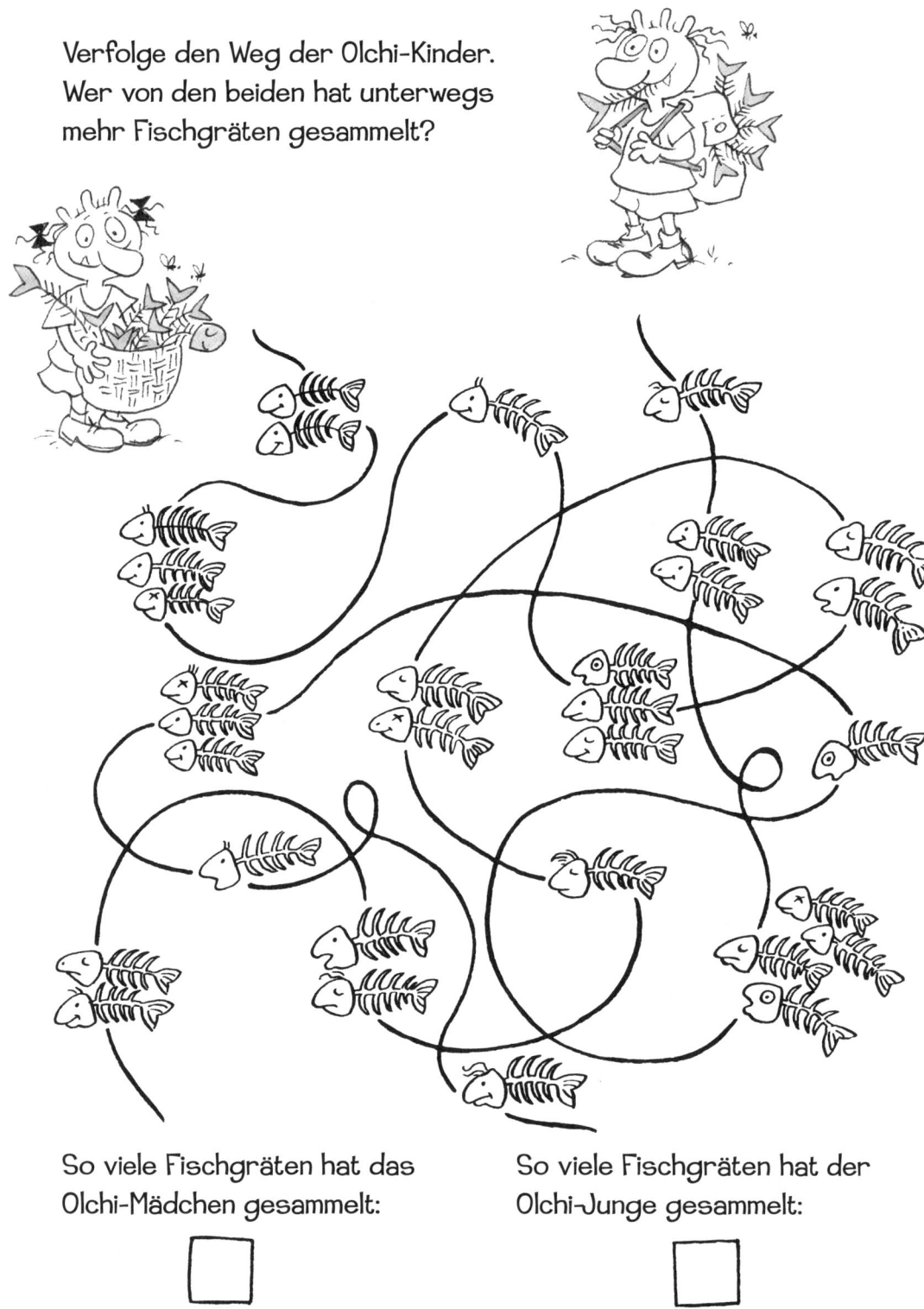

So viele Fischgräten hat das
Olchi-Mädchen gesammelt:

So viele Fischgräten hat der
Olchi-Junge gesammelt:

Kannst du dem Olchi-Kind helfen, zwei Dosen
zu finden, die genau gleich aussehen?
Kreise sie ein oder male sie bunt an.

 Professor Brausewein hat einen krötigen Verwandlungstrank erfunden. Das Rezept ist streng geheim! Aber wenn du die olchige Geheimschrift von Seite 117 verwendest, weißt du, welche Zutaten er in den Trank rührt.

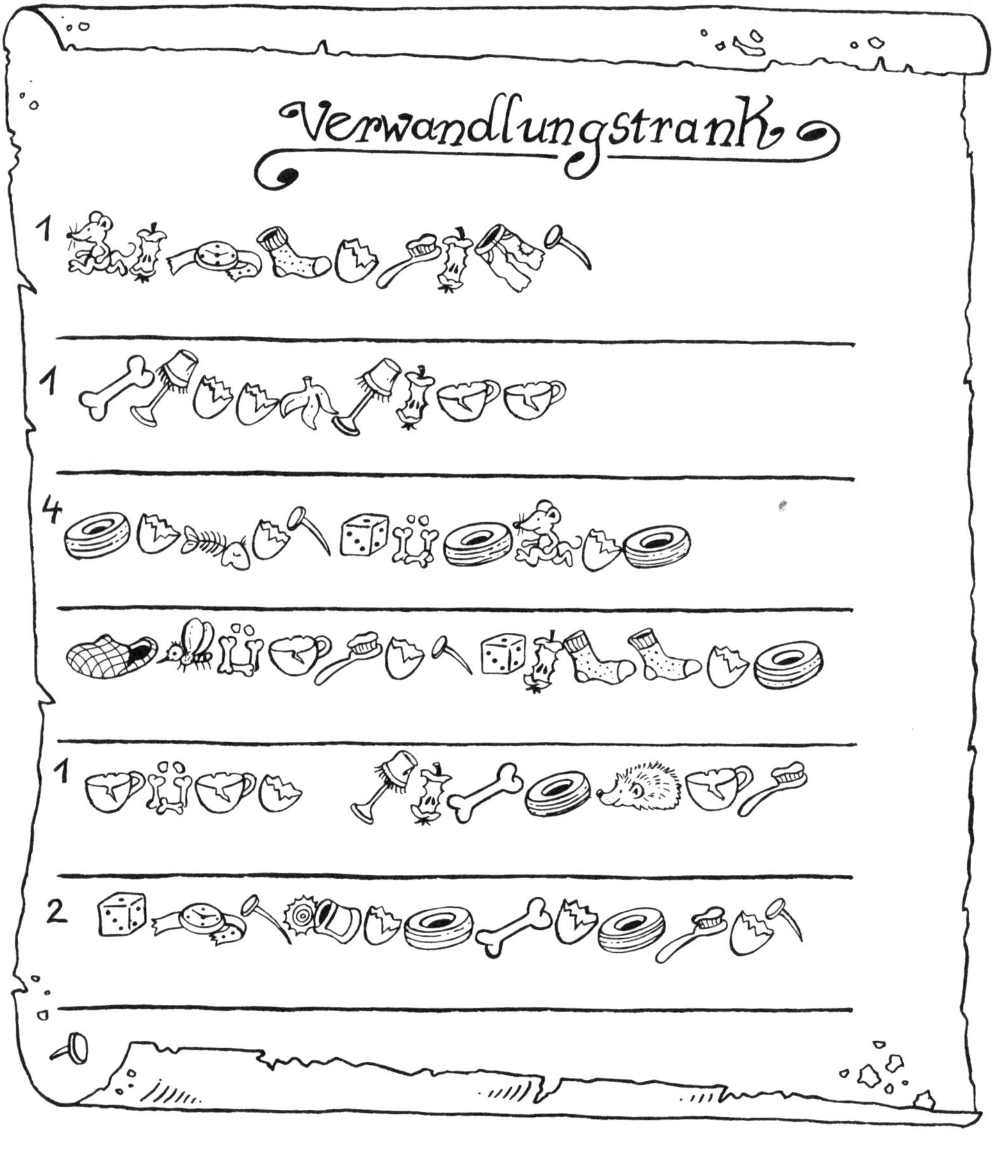

Verwandlungstrank

1

1

4

1

2

Im unteren Bild stecken 6 Fehler. Weißt du, welche es sind?

Olchi-Opa packt seinen Koffer mit lauter nützlichen Dingen.
Schreibe die Buchstaben der abgebildeten Sachen in die
Lösungsreihen. Wohin geht die Reise?

Olchi-Opa geht auf ⬜⬜⬜⬜⬜⬜⬜⬜ .
            1 2 3 4 5 6 7 8

Auf der Müllkippe müffelt es immer wunderbar! Wie riecht es heute? Eine der drei Buchstabenschnüre verrät es dir.

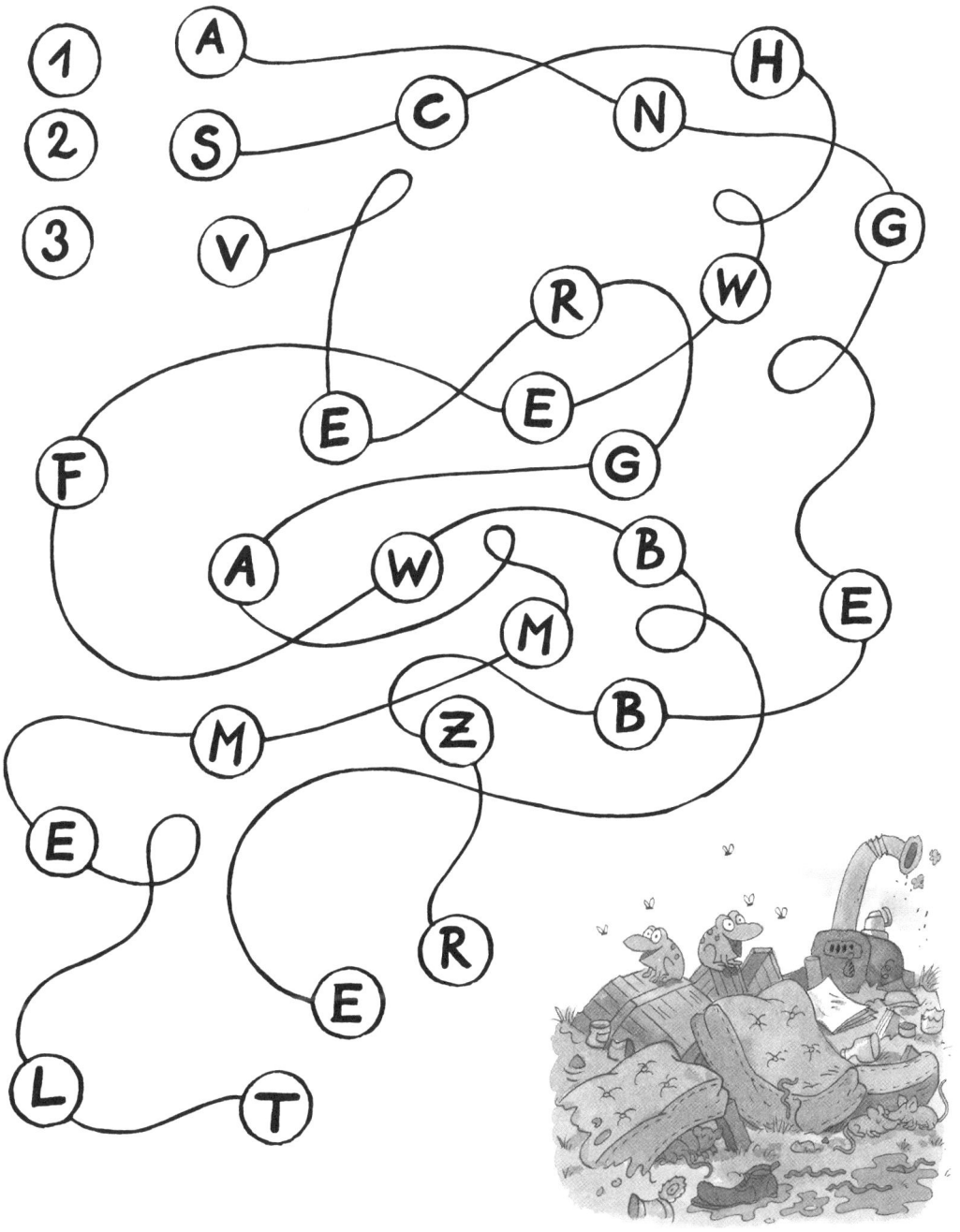

Wer hat die Rasierschaum-Torte gegessen? Mister Paddock ist dem Täter auf der Spur. Kreuze an, zu welchem Olchi der Täter-Fingerabdruck passt.

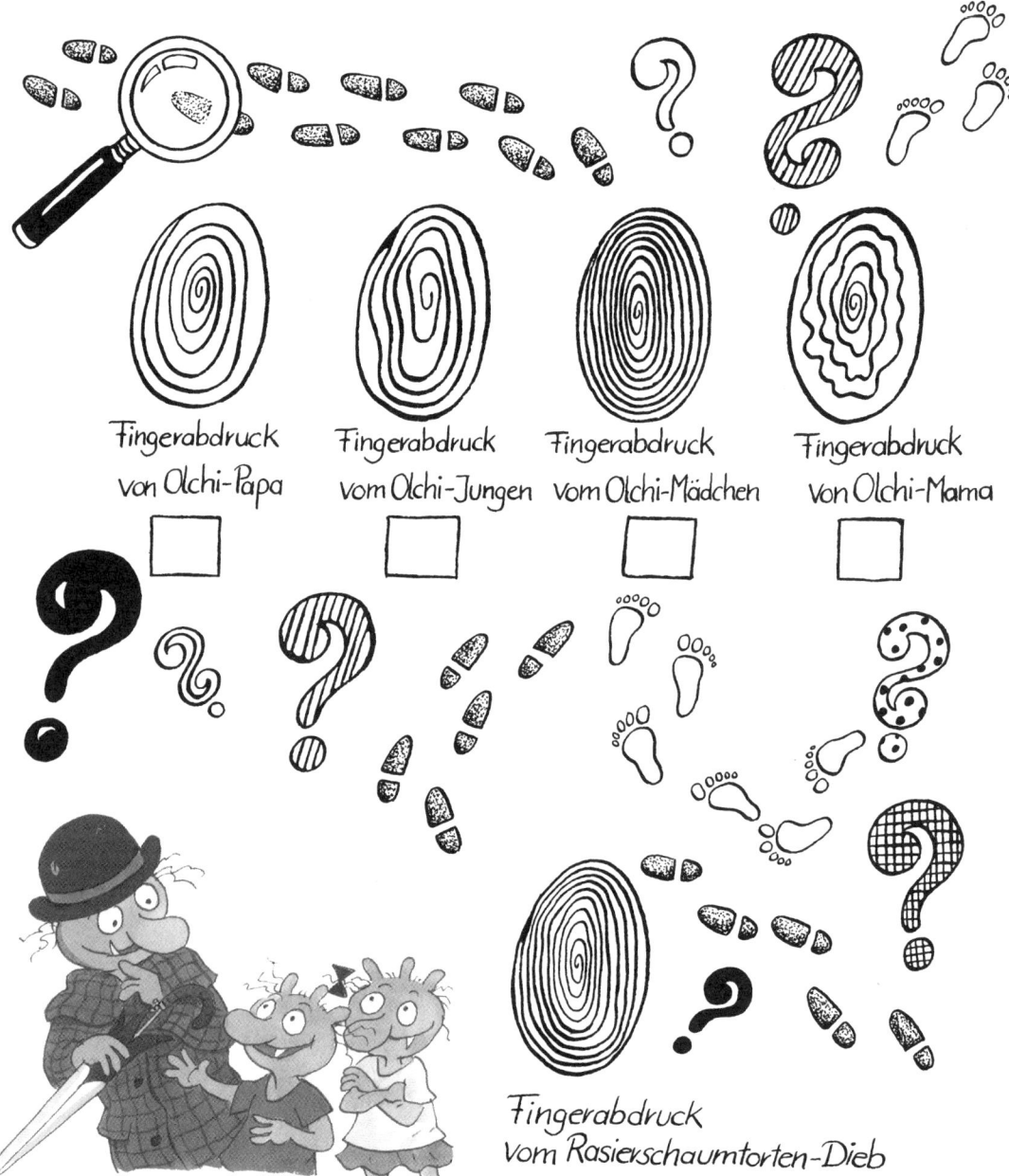

Fingerabdruck von Olchi-Papa

Fingerabdruck vom Olchi-Jungen

Fingerabdruck vom Olchi-Mädchen

Fingerabdruck von Olchi-Mama

Fingerabdruck vom Rasierschaumtorten-Dieb

Vor wem fürchten sich die Olchis? Verbinde die Punkte
von 1 bis 60.

Olchi-Papa hat im Zoo viele Fotos gemacht. Schreibe die Namen der Tiere unter die Fotos. Zum Schluss erhältst du ein Lösungswort.

Ein Tier, das Olchi-Papa besonders gerne mag, ist

1	2	3		4	5	6	7	8

In diesem Buchstabengitter stecken 8 Wörter, die die Olchis gerne benutzen. Suche sie und rahme sie ein.

KRÖTIG
SCHROTT SCHLEIM SPOTZROTZ
MUFFELFURZ SCHLAMM VERGAMMELT
STINKERICH GRÄTIG

S	C	H	L	E	i	M	X	S	C	H	L	A	M	M
T	L	G	U	A	F	H	H	C	W	O	B	Z	D	U
i	Ü	A	i	K	N	G	L	H	U	C	J	M	L	F
N	P	H	T	R	W	B	G	R	Ä	T	i	G	X	F
K	Z	M	S	Ö	T	Q	C	O	E	J	D	K	A	E
E	S	P	O	T	Z	R	O	T	Z	i	P	V	A	L
R	N	X	K	i	S	C	H	T	F	Q	N	B	M	F
i	V	E	R	G	A	M	M	E	L	T	Z	K	D	U
C	Y	K	B	O	E	Q	G	U	E	J	F	C	L	R
H	D	B	J	R	G	H	T	A	W	E	i	M	P	Z

Wie viele Bananenschalen und Fischgräten hat
der Olchi-Weihnachtsmann in seinem Sack?

Es sind ☐ Fischgräten und ☐ Bananenschalen.

Kannst du das Olchi-Schimpfwort passend wieder zusammensetzen?

UND-

SCH

MM-

LEiME-

KÄ

SCHLA

UB

SEF

Lösungswort:

Trage die gesuchten Wörter in die waagerechten Spalten ein. In der senkrechten Spalte erhältst du ein Lösungswort.

Darin baden die Olchis gerne. →

So heißt die Fledermaus der Olchis. →

Diese Insekten stürzen tot zu Boden wenn ein Olchi gähnt. →

Die Olchis essen besonders gerne… →

Die Olchis schleudern gerne Schlamm… →

Olchi-Opa erzählt oft… →

Diese Farbe hat Olchi-Haut. →

Am allerlautesten schreit das Olchi… →

Dieses Tier lebt auf der Müllkippe. →

So heißt der Drache der Olchis. →

Winziges Tier, das in einem Netz wohnt. →

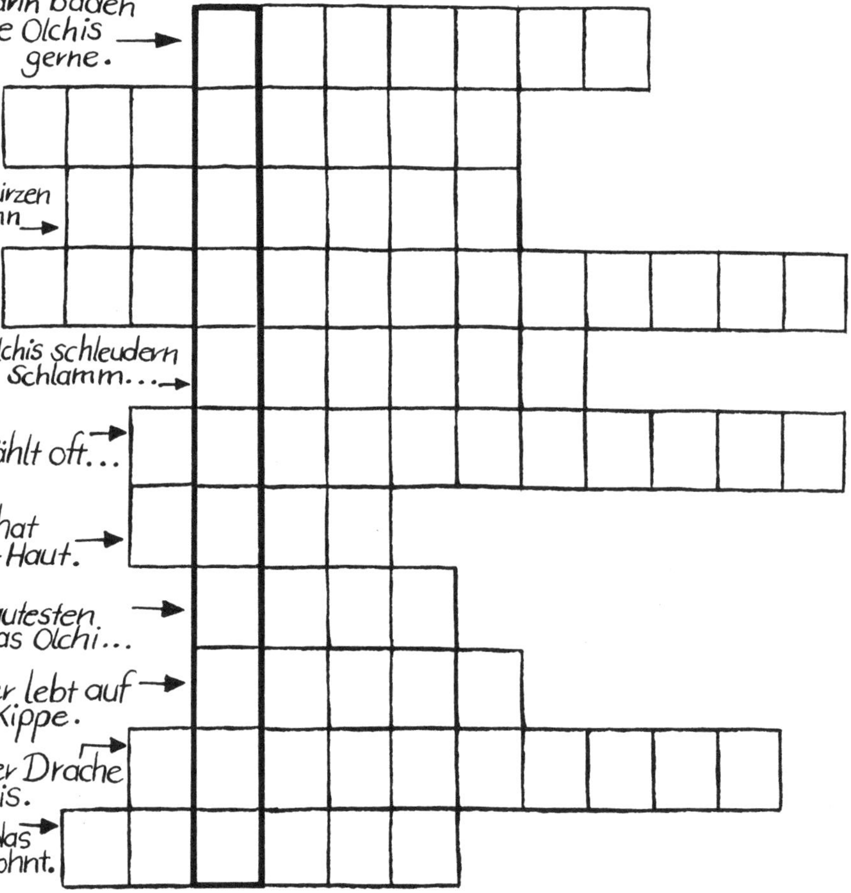

Olchi-Mama hat das Rezept für ihren köstlichen Schmuddeltopf aufgeschrieben. Kannst du es lesen?

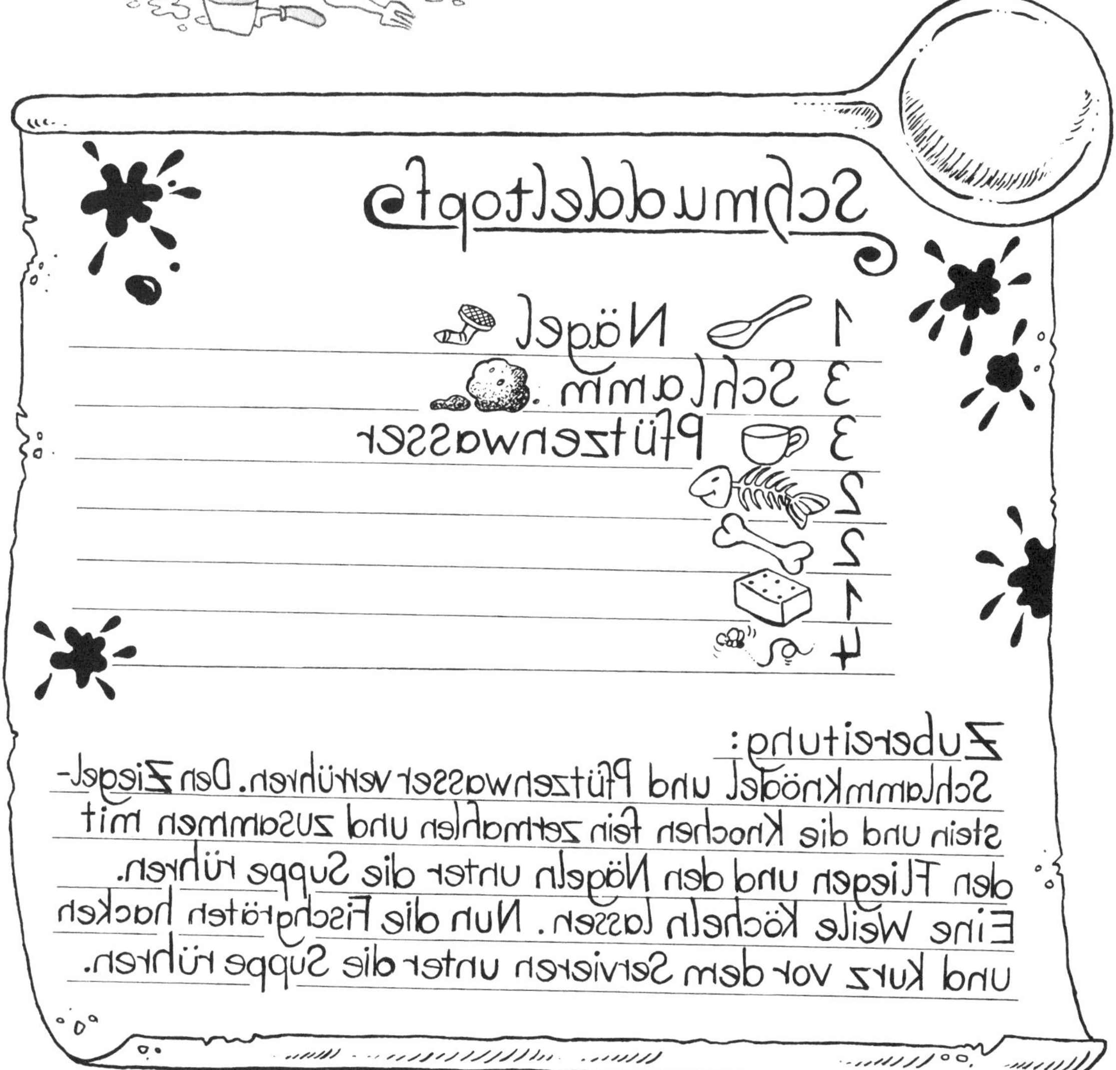

Schmuddeltopf

1 Nägel
3 Schlamm
3 Pfützenwasser
2
2
1
4

Zubereitung:

Schlammknödel und Pfützenwasser verrühren. Den Ziegelstein und die Knochen fein zermahlen und zusammen mit den Fliegen und den Nägeln unter die Suppe rühren. Eine Weile köcheln lassen. Nun die Fischgräten hacken und kurz vor dem Servieren unter die Suppe rühren.

Wie viele Säcke laden die Müllwagen auf der Müllkippe ab?
Rechne die Aufgaben aus und verbinde die Ergebnisse mit den
dazugehörigen Autos.

Wohin fliegen die Olchis? Nimm immer den zweiten Buchstaben der abgebildeten Dinge und schreibe ihn in
das Kästchen unter dem Bild.

Das untere Bild unterscheidet sich vom oberen durch
9 Veränderungen. Kreise sie ein.

Hilfst du Olchi-Papa beim Rechnen?
Er will alle Sachen aus seinem
Werkzeugkasten zusammenzählen.
Wovon hat er am meisten?

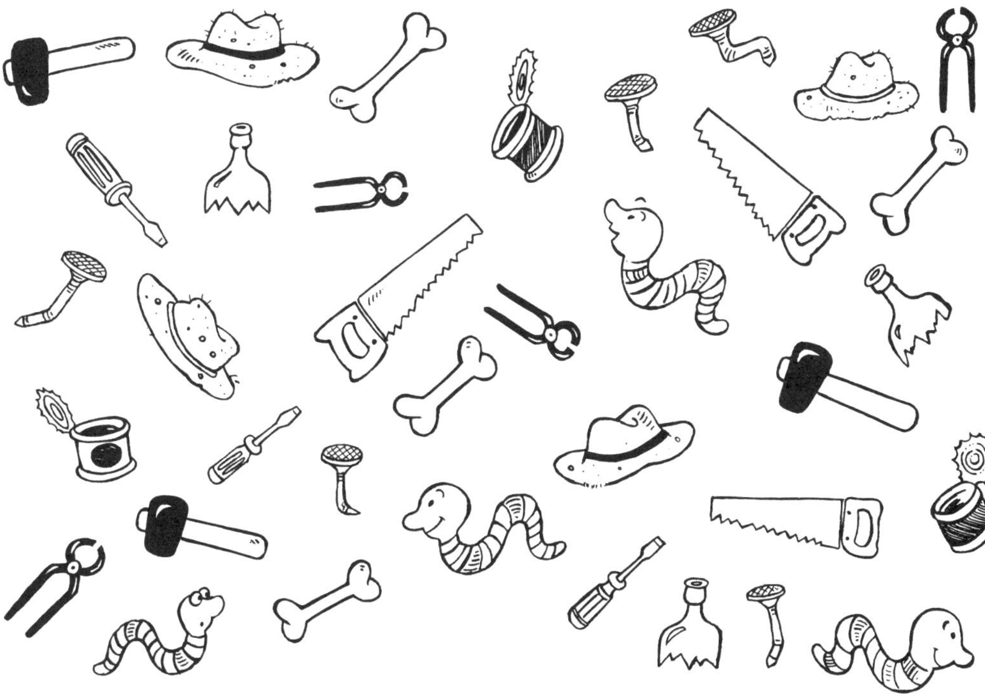

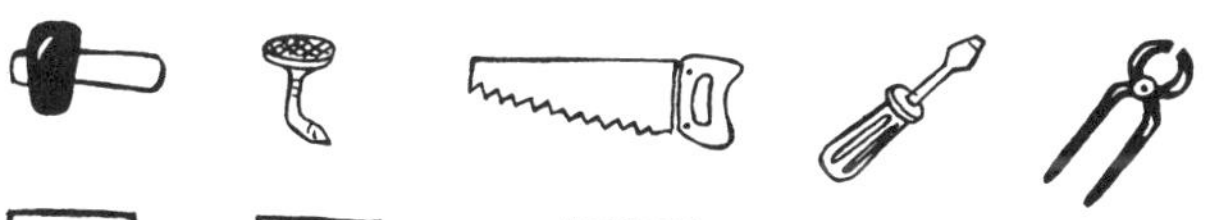

$\square$ + $\square$ + $\square$ + $\square$ + $\square$ = $\square$

Olchi-Papa hat am meisten $\square$ $\square$ $\square$ $\square$ $\square$.

Beim Kröterich, was für ein verzwicktes Labyrinth! Findest du den Weg zur Muffelhöhle? Und wie kommt man zur Mäusehöhle in der Mitte des Labyrinths?

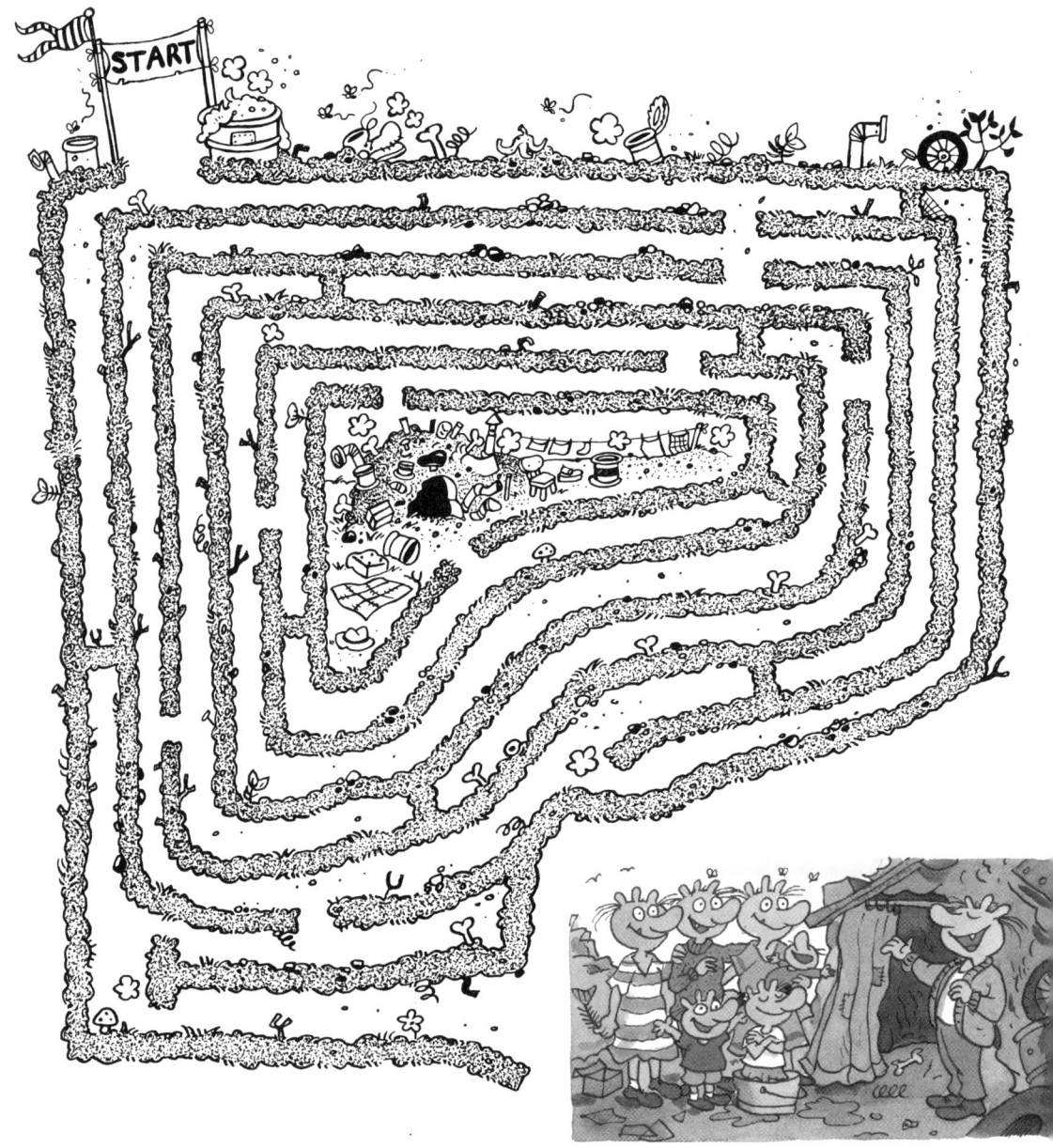

Olchi-Mama will einen leckeren Stinkerkuchen backen.
Welche Zutaten landen dafür ganz sicher nicht in ihrer
Rührschüssel? Streiche sie durch.

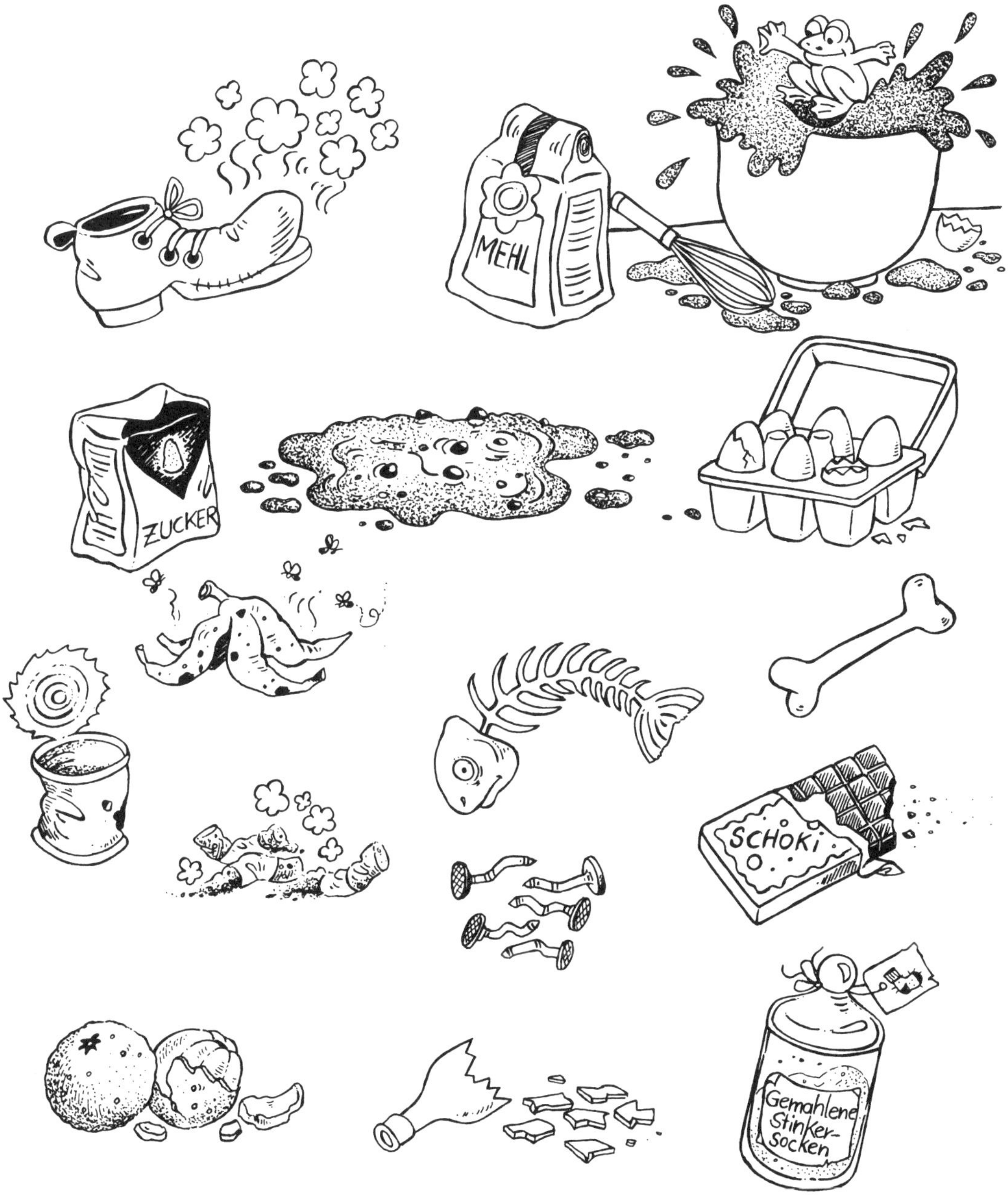

MEHL

ZUCKER

SCHOKI

Gemahlene Stinker-socken

Hilf Olchi-Oma, die Sockenpaare zu finden. Immer zwei
Stinkersocken gehören zusammen. Verbinde sie.

Verfolge die Linien und schreibe die Anfangsbuchstaben der Bilder in die richtigen Lösungskästchen. Dann weißt du, was die Olchis gerne machen.

Was haben die Olchi-Kinder gemalt?
Male die Zahlenfelder bunt an.

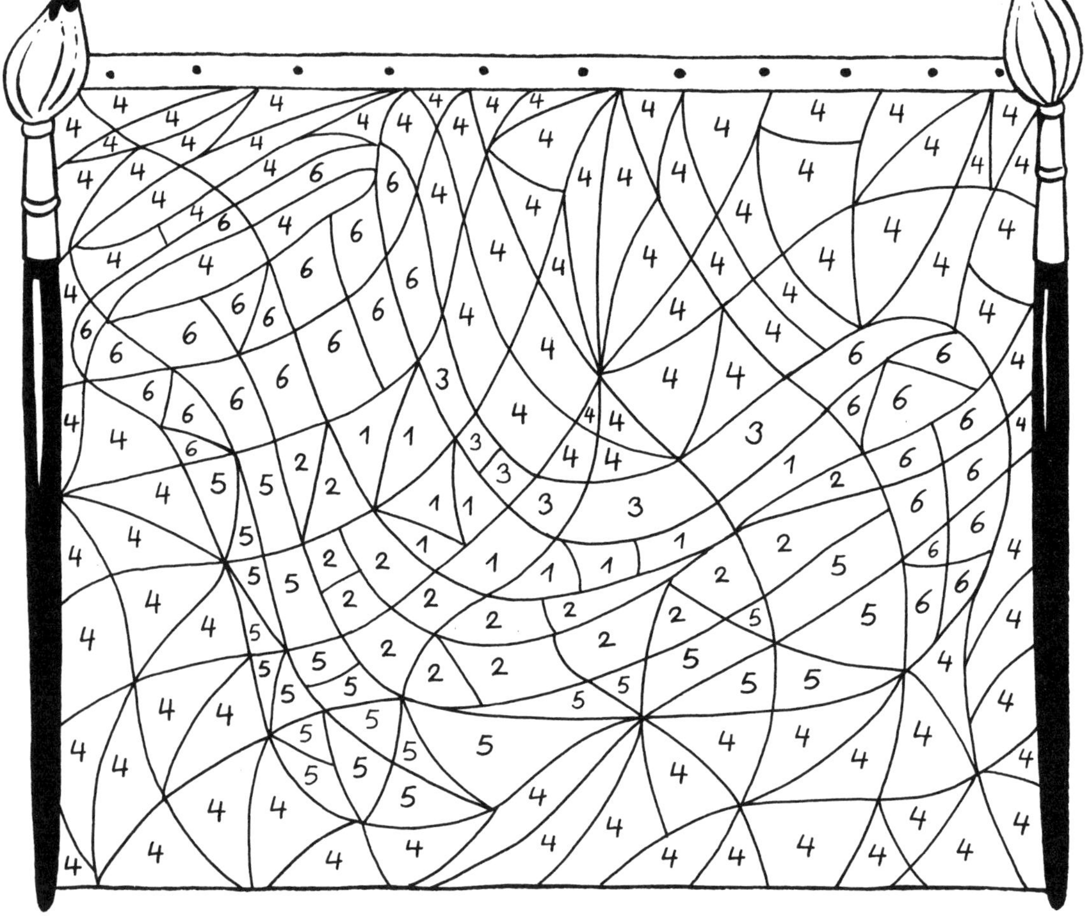

1 = Orange
2 = Hellgrün
3 = Gelb
4 = Blau
5 = Rot
6 = Dunkelgrün

In der Muffelhöhle duftet es herrlich nach Stinkerkeksen!
Olchi-Mama hat vor allem S-Kekse ausgestochen. Ein paar andere
Buchstaben haben sich aber auch auf dem Backblech versteckt.
Schreibe sie der Reihe nach in die Lösungskästchen.

Lösung:

Hilfst du der Maus, den richtigen Weg durch das Buchstaben-
labyrinth zu finden? Dann erfährst du, was die Maus ihren
Kindern nachher kocht.

Die Maus kocht ☐ ☐ ☐ ☐ ☐ ☐ ☐ ☐ ☐ .

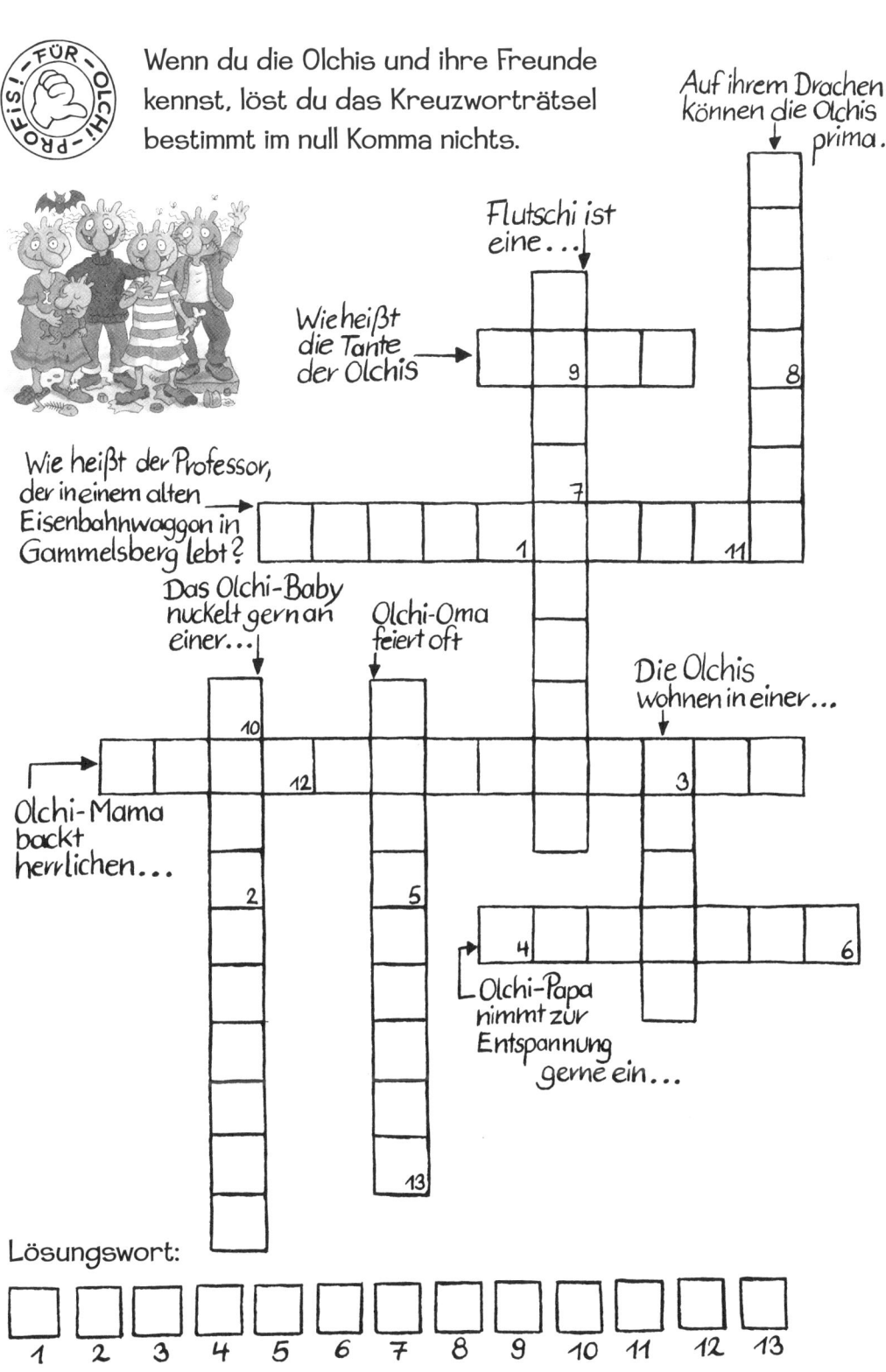

Wenn du die Olchis und ihre Freunde kennst, löst du das Kreuzworträtsel bestimmt im null Komma nichts.

Auf ihrem Drachen können die Olchis prima...

Flutschi ist eine...

Wie heißt die Tante der Olchis →

9

8

Wie heißt der Professor, der in einem alten Eisenbahnwaggon in Gammelsberg lebt? →

7

1

11

Das Olchi-Baby nuckelt gern an einer...

Olchi-Oma feiert oft

Die Olchis wohnen in einer...

10

12

3

Olchi-Mama backt herrlichen...

2

5

4

6

Olchi-Papa nimmt zur Entspannung gerne ein...

13

Lösungswort:

1 2 3 4 5 6 7 8 9 10 11 12 13

105

Die Olchi-Kinder haben das Sudoku angeknabbert.
Kannst du die fehlenden Zahlen in die Lücken setzen?

1		3	2
	2	1	4
4	3	2	
	1		3

Findest du heraus, was Olchi-Opa
auf die Postkarte geschrieben hat?
Verwende die olchige Geheimschrift
von Seite 117.

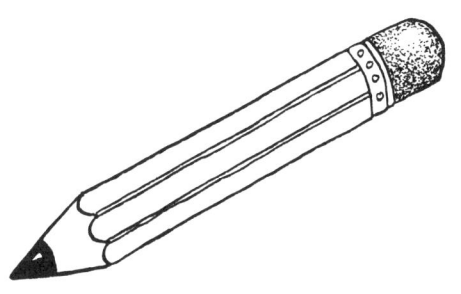

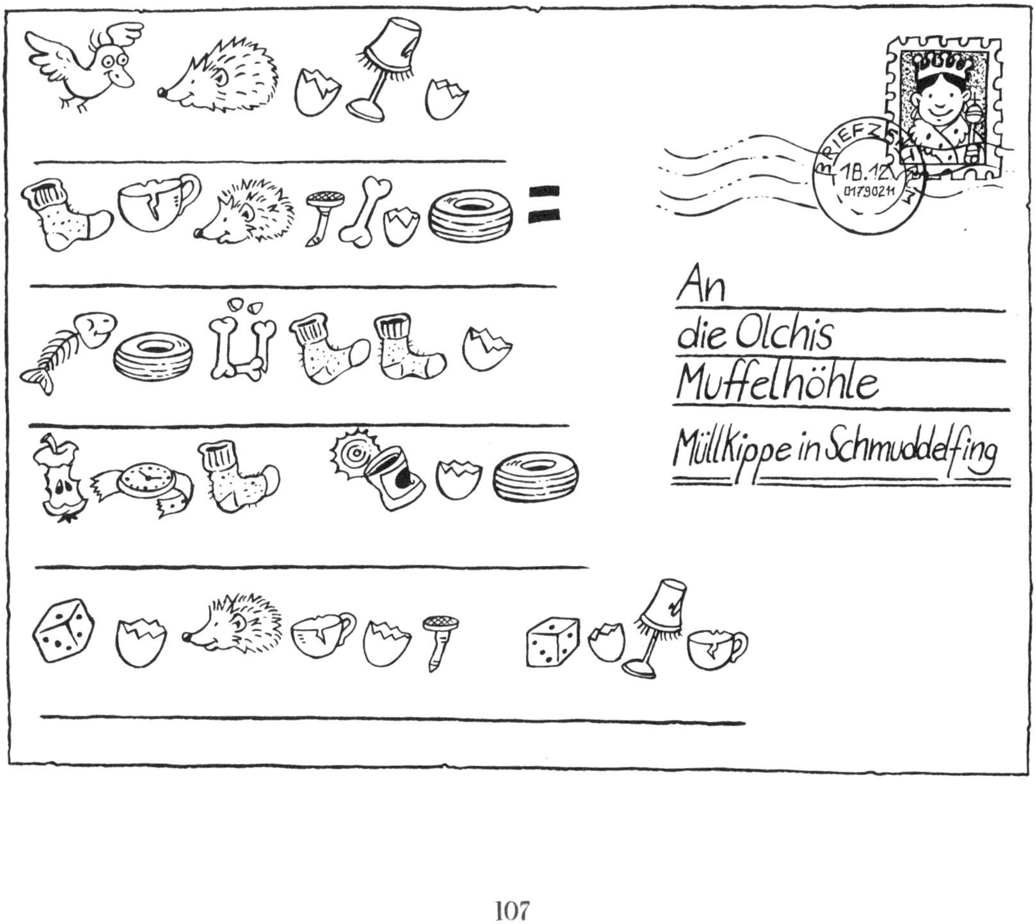

An
die Olchis
Muffelhöhle

Müllkippe in Schmuddelfing

Was mögen die Olchis? Suche die Sachen im Buchstabengitter.

A	L	C	i	X	E	V	F	T	i	J	Z	K
M	O	R	Q	B	F	N	L	G	K	D	i	R
P	K	N	O	C	H	E	N	Q	T	U	E	S
H	i	J	G	S	Z	A	A	E	D	V	G	Y
U	K	M	H	Y	R	L	G	C	F	S	E	N
X	H	D	O	S	E	Z	E	U	i	C	L	P
B	T	P	Z	G	i	J	L	W	M	H	S	O
O	N	Y	A	L	F	B	D	E	N	U	T	i
S	T	i	N	K	E	R	K	U	C	H	E	N
M	G	V	Z	H	N	B	S	D	E	K	i	X
C	P	N	Q	R	T	A	W	F	W	C	N	L

Eines der Dinge ist nicht im Buchstaben-Wirrwarr zu finden.
Weißt du, welches es ist? Schreibe es in die Lösungsreihe.

☐☐☐☐☐☐☐☐☐☐

Mistige Sumpfpampenwanze! Alle Teller sind in der Mitte
zersprungen, weil der Olchi-Junge damit Frisbee gespielt hat.
Welche Teile gehören zusammen? Verbinde sie.

Was lassen sich die Olchis hier gerade schmecken?
Eine der Buchstabenschnüre verrät es dir.

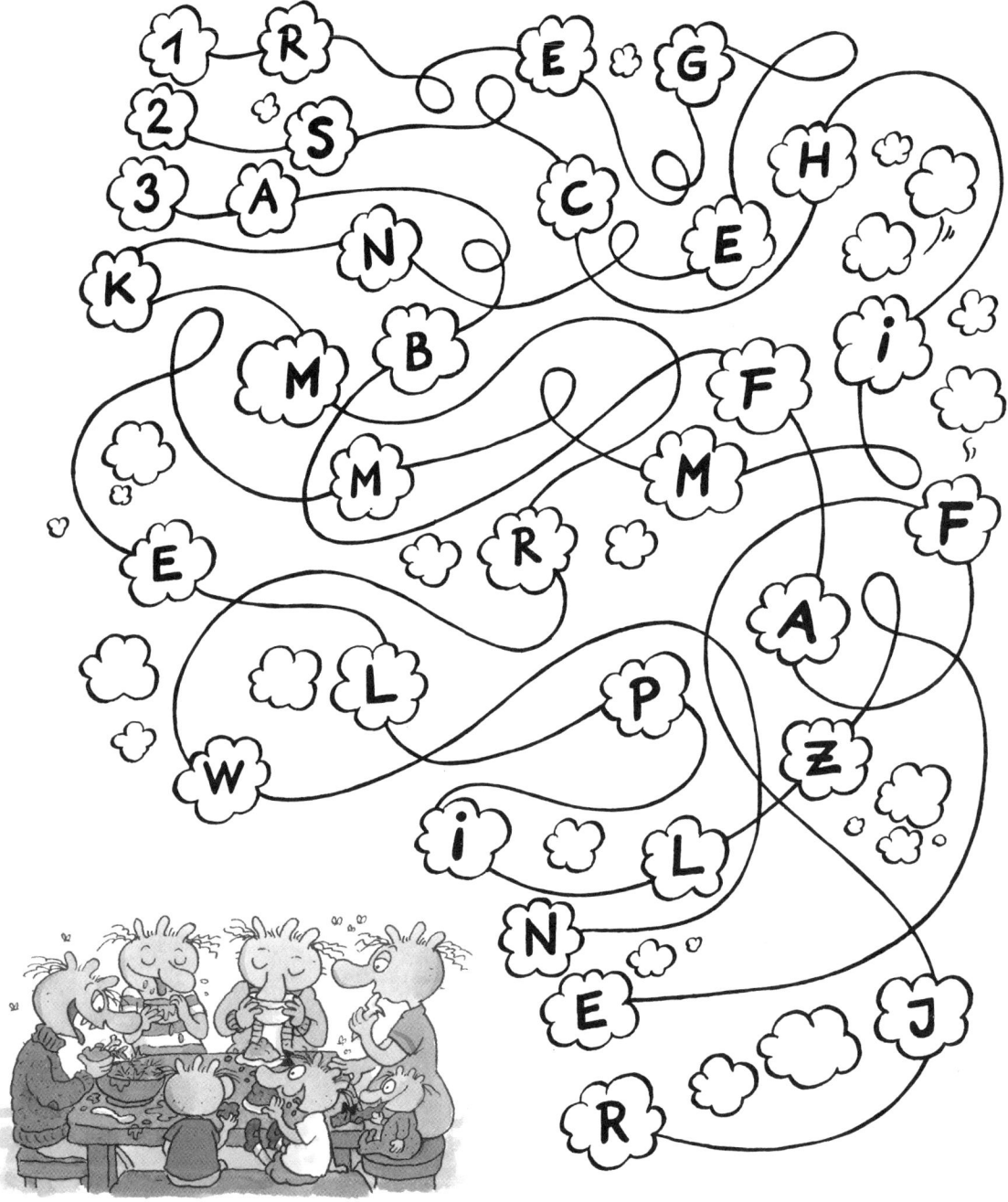

Worauf freut sich Olchi-Oma?
Du erfährst es, wenn du den
Pfeilen folgst und die Anfangsbuchstaben der Bildchen nacheinander in die Lösungskästchen
schreibst.

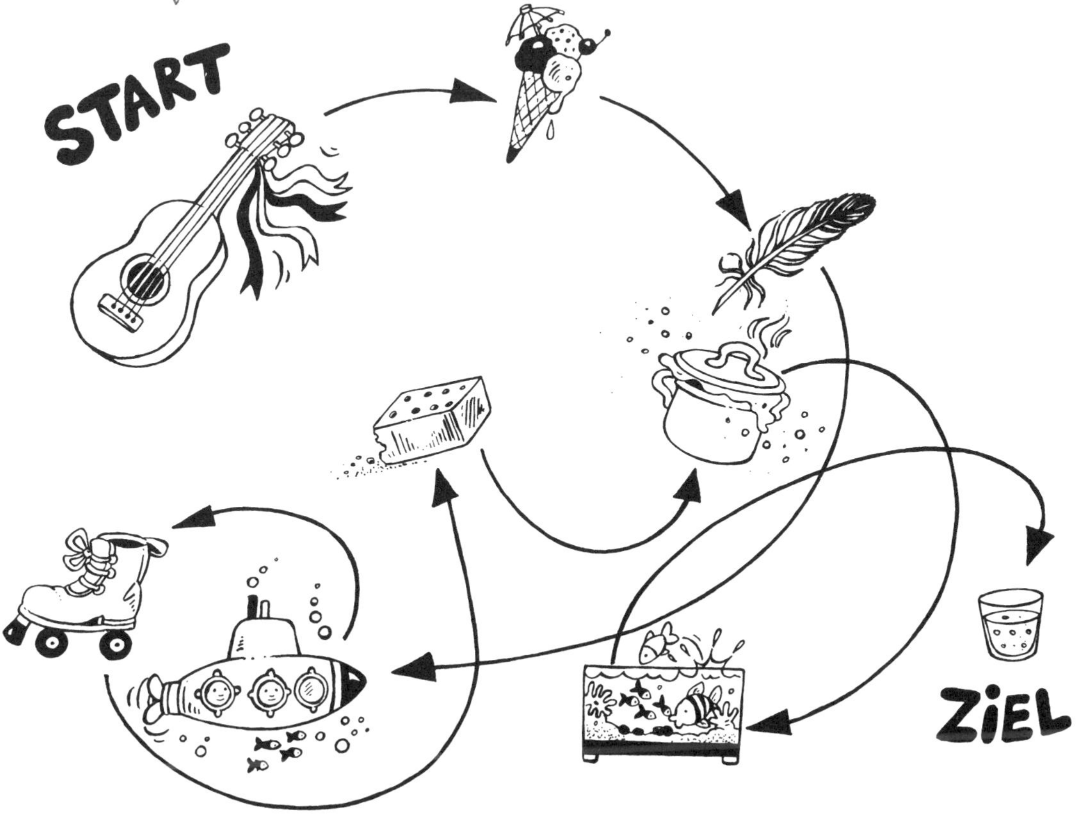

START

ZIEL

Olchi-Oma freut sich auf ihren

 .

Weißt du, welche Zahlen von Feuerstuhls Schwefelwolken verdeckt werden? In jeder Spalte, jeder Reihe und jedem der sechs Rechtecke sollen die Zahlen 1 bis 6 stehen.

Welcher Schatten gehört zum Olchi-Baby? Kreuze den richtigen Schatten an.

In den Bergen gibt es so viel zu sehen! Schreibe die Namen der Bildchen in das Kreuzworträtsel. Die Länge der Wörter zeigt dir, in welche Spalte sie passen.

Die Olchis sind im

| 1 | 2 | 3 | 4 | 5 | 6 |

Verbinde die Punkte von 1 bis 30. Dann weißt du, womit Olchi-Opa gerne fliegen würde. Wenn du Lust hast, kannst du das Bild hinterher anmalen.

Hier ist ein Olchi-Schimpfwort durcheinandergeraten!
Verfolge die Linien und schreibe die Buchstaben in die
richtigen Lösungskästchen.

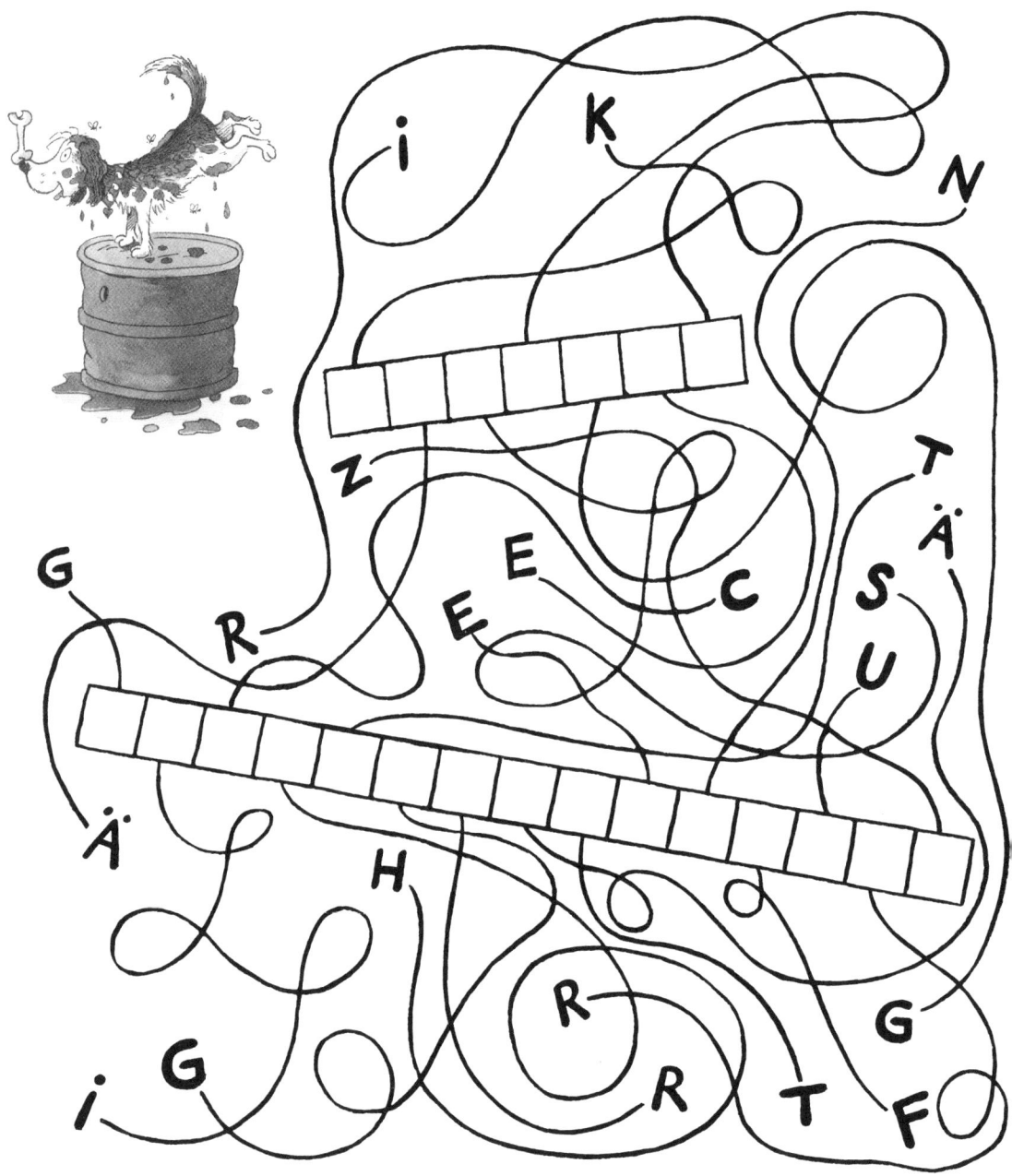

Diese olchige Geheimschrift brauchst Du für die Rätsel auf
Seite 82 und Seite 107.

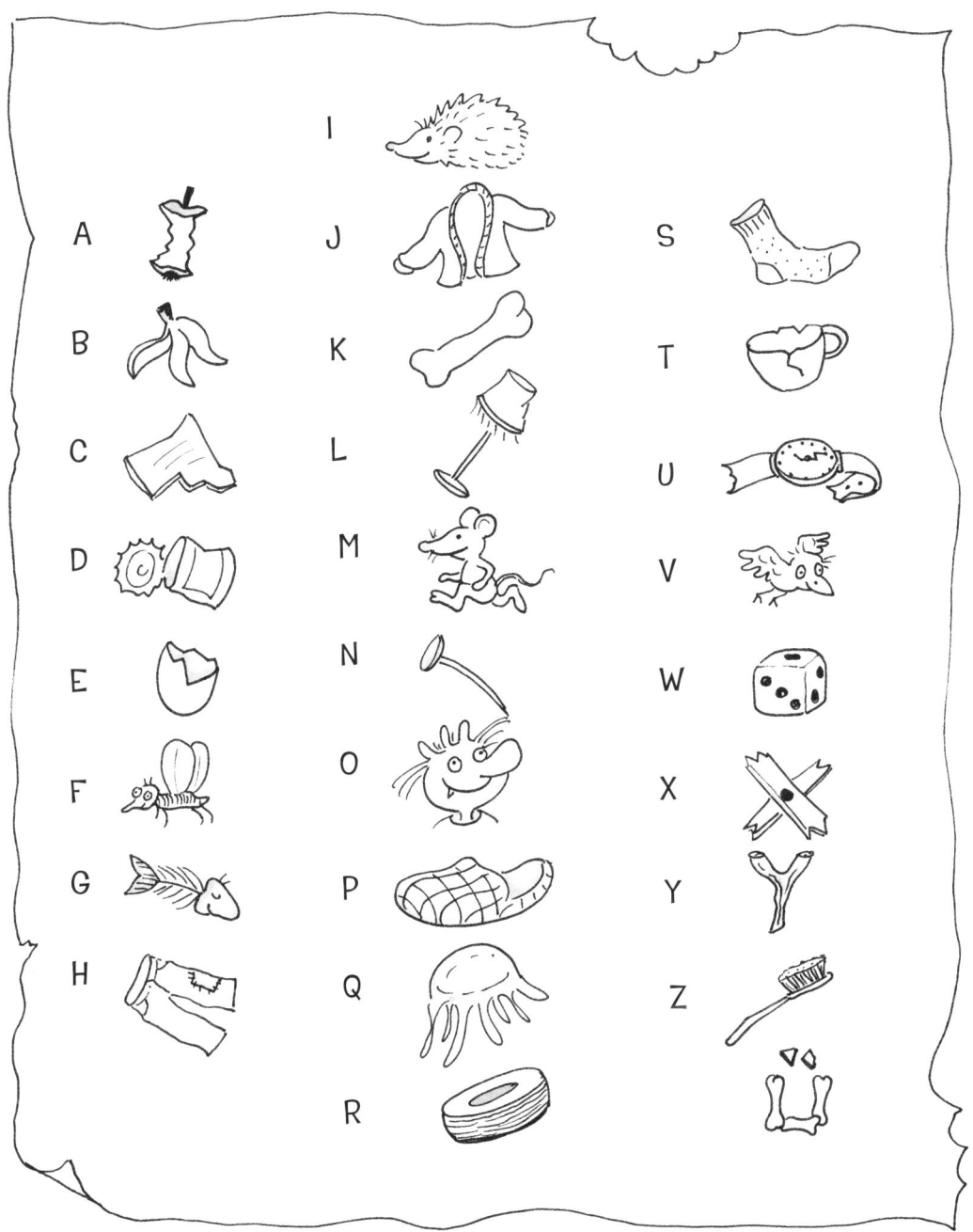

Lösungen

S. 8
Olchi-Opa war am Nordpol.

S. 9
Das Olchi-Mädchen isst Steinburger mit Schuhsohle und Schimmelkäse.
Olchi-Opa isst vergammeltes Obst.
Olchi-Papa isst Stinkerkuchen.
Olchi-Mama isst Rostnagelgulasch mit Schlammklößen.
Das Olchi-Baby isst Stinkerbrei.
Olchi-Oma isst Zigarettenkippen und Nägel.
Der Olchi-Junge isst Fischgräten.

S. 10

S. 12
Olchi-Oma strickt Fäustlinge.

S. 13

S. 14
Auf Olchi-Papas Pullover sind 22 Flecken.

S. 15
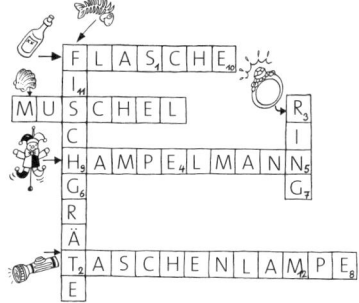

Lösungssatz: Der Inhalt der Kiste ist streng geheim.

S. 16

S. 17
Lösungswort: Furz

S. 18
1. Olchi-Opa sitzt auf dem Müllberg und will Vögel beobachten.
2. Das Olchi-Mädchen verdrückt ein verschimmeltes Käsebrot.
3. Jeder Olchi weiß, dass man von frischem Essen krank wird.
4. Olchi-Papa findet ein Ablaufrohr im Müllberg.
5. Das Olchi-Kind will das Zebra unbedingt streicheln.

S. 19

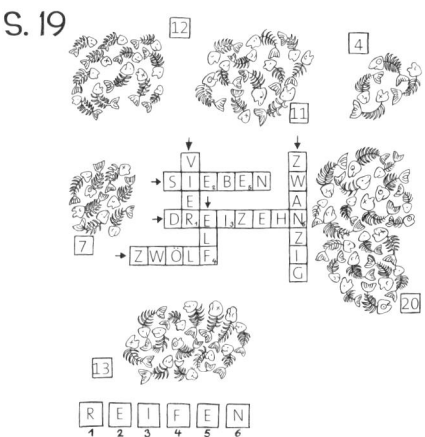

R E I F E N
1 2 3 4 5 6

S. 21

S. 22

S. 23

S. 24

Lösungswort: Papagei

S. 25

Im Brief steht:
Ihr Lieben Stinkeriche,
ich sende Euch viele Grüße von der
Ostsee. Hier ist herrliches Schmuddel-
wetter!
Eure Tante Olga

S. 26

A	R	H	V	L	Z	J	C	T
Y	K	D	F	Q	G	W	H	X
H	W	L	i	F	O	U	L	N
N	D	V	Z	B	X	K	Y	O
C	T	S	i	W	T	A	Q	L
Y	K	M	J	H	J	M	Z	C
W	D	i	O	L	P	G	B	W
H	Q	X	A	T	V	N	K	F
T	E	C	Y	M	T	D	i	H
B	G	K	A	G	V	O	B	J

Lösungssatz: Das hast du
super gemacht!

S. 27

S. 28

S. 32

12 : 2 = 6	30 − 22 = 8	3 x 4 = 12
15 − 10 = 5	50 : 5 = 10	30 − 28 = 2
3 x 3 = 9	4 + 7 = 11	
16 − 9 = 7	9 − 8 = 1	
2 x 2 = 4	18 : 6 = 3	

Lösungswort: Zauberpunsch

S. 33

S. 29

Die Ente wohnt nicht auf der Müll-kippe.

S. 30

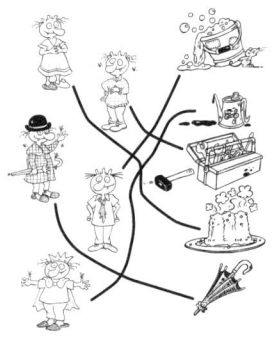

S. 34

Diese Wörter gehören nicht in die
Reihe: Schokokeks
Frischluft   sauber
Rosencreme   Schmetterling

S. 31

Teekesselchen:
- Glüh*birne* – *Birne*, die man essen kann
- *Maus*, die man als Haustier halten kann – Computer*maus*
- *Fliege*, die einen umschwirrt – *Fliege*, die man um den Hals trägt
- Klo*brille* – *Brille*, die man auf der Nase hat
- Fenster*glas* – Trink*glas*
- Finger*nagel* – *Nagel*, den man in die Wand schlägt
- Triller*pfeife* – *Pfeife*, aus der man rauchen kann
- Wasser*hahn* – *Hahn* der auf dem Bauernhof wohnt

S. 36

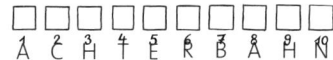

S. 37

Bull<u>auge</u>
<u>Steuer</u>rad
Rettungs<u>boot</u>
Fischer<u>hemd</u>
Buddel<u>schiff</u>

Fisch<u>netz</u>
Galions<u>figur</u>
<u>Piraten</u>flagge

S. 38

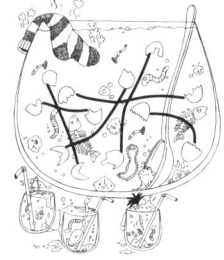

Es sind 12 Eierschalen, also 6 Eier.

S. 39

S. 40

Die Olchis singen „Zum Gefurztag viel Glück".

S. 42

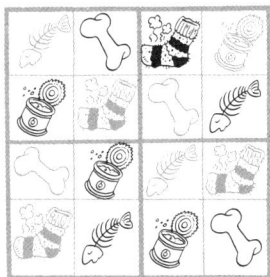

S. 43

S. 44

Es sind 14 Tiere.

S. 45

Lösungssatz: Ein Käsefuß kommt selten allein.

S. 46

Lösungswort: Grätig!

S. 47

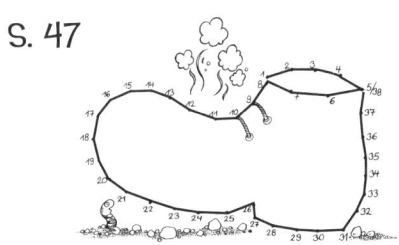

S. 48

Diese Werkzeuge hat Olchi-Papa doppelt: Hammer, Pinsel, Nagel, Schere

S. 49

S. 50

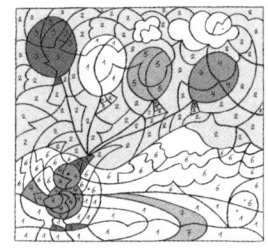

S. 51

1) Laub
2) Flaschen
3) Dosen
4) Papier

S. 52

Lösung: Eine Fahrradklingel

S. 53

Auf der Pergamentrolle steht: „Dies ist der Schatz des schwarzen Piraten."

S. 55

S. 56

Diese Maus ist der Täter:

S. 57

Lösungswort: Spielplatz.

S. 58

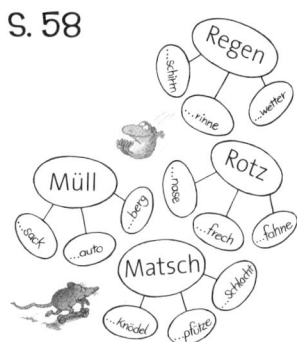

S. 59

Olchi-Baby   15 : 3 = 5
Olchi-Mama   16 + 7 = 23
Olchi-Junge   2 x 9 = 18
Olchi-Opa   8 − 1 = 7
Olchi-Papa   4 + 12 = 16
Olchi-Mädchen   20 : 2 = 10
Olchi-Oma   11 − 2 = 9

S. 60

```
M G A E N N i C O R Y R S
O L T H B F Q P L N V A A
F F M D J i D X T U E N T
U R O V J S C H P L R Z F
Q S D E K Ö V R A S S i M
V E R G A M M E L T C G N
Z C i X D U A S A i H N B
F N G A R F M Ü U N i A L
U E B E i F L M L K M E N
T L H R G i V M T i M H R
A M i K O G E E E G E C E
T M E N P R L L i L J K
V E R F A U L T T O T L V
```

S. 61

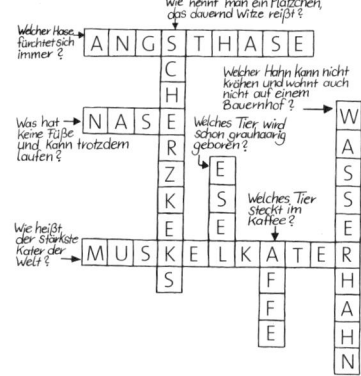

S. 62

Olchi-Papas Fundstücke: Schneehose, Pudelmütze, Handschuh, Fellstiefel

S. 63

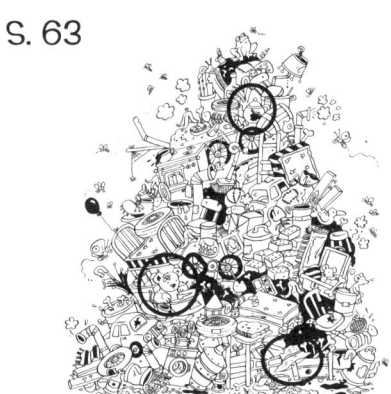

S. 64
Lösungswort: Putzeimer

S. 65
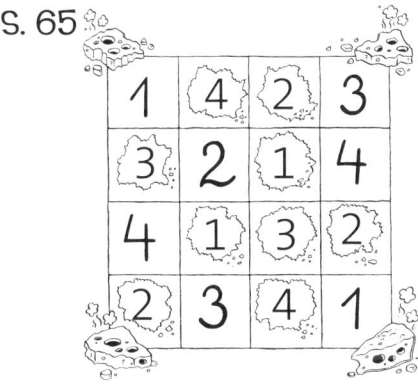

S. 66
Diese Wörter hat Feuerstuhl durcheinandergewirbelt: Schlamm, Pups, Kröte, Stinkersocke, Ratte, Muffelhöhle, Schuhsohle, Regenwetter, Pfütze, Schuh, Drache.

S. 67

1 = Blau   4 = Braun
2 = Grün   5 = Schwarz
3 = Rot   6 = Gelb

Tante Olga hat einen Hund gemalt.

S. 68

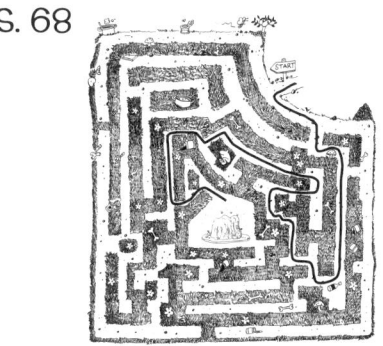

S. 69

Lösungswort: Bescherung

S. 70

S. 71

1 = K, 2 = N, 3 = Ö, 4 = D, 5 = E, 6 = L
Lösungswort: Knödel

S. 72

S. 73

Olchi-Papa nimmt ein Schlammbad.

S. 74

2	1	4	3
3	4	1	2
1	2	3	4
4	3	2	1

S. 75

Auf der verdeckten Memo-Karte ist ein Schuh zu sehen. Die Igel-Karte gibt es drei Mal.

S. 77

Lösungswort: Rülps

S. 78

Lösungswort: Spielen

S. 79

Diese Sätze würde ein Olchi niemals denken:
Regen ist doof.
Gestank ist eklig!
Frisches Essen ist lecker und gesund.
Man sollte sich jeden Tag waschen.
Beim Essen darf man nicht rülpsen.

S. 80

Das Olchi-Mädchen hat 18 und der Olchi-Junge hat 13 Fischgräten gesammelt.

S. 81

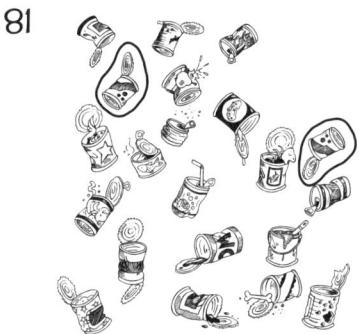

S. 82

In den Verwandlungtrank rührt der Professor diese Zutaten: 1 Mausezahn, 1 Kleeblatt, 4 Regenwürmer, Pfützen-wasser, 1 Tüte Lakritz, 2 Wunderker-zen.

S. 83

S. 84

Das packt Olchi-Opa in seinen Koffer: Flaschenpost, Bücher, Mütze, Stift, Rettungsring, Fernglas, Seil, Kompass.
Lösungswort: Seereise

S. 85
Lösungswort: Vergammelt

S. 86
Das Olchi-Mädchen hat die Rasierschaum-Torte gegessen.

S. 87

S. 88
Diese Tiere sind auf den Fotos zu
sehen: Giraffe, Eisbär, Löwe, Nilpferd,
Elefant, Kamel, Zebra, Schlange.
Lösung: Die Kröte

S. 89

S. 90
Der Olchi-Weihnachtsmann hat 6
Fischgräten und 8 Bananenscha-
len in seinem Sack.

S. 91
Lösungswort: Schleime-Schlamm-
und-Käsefuß

S. 92

Darin baden die Olchis gerne. → SCHLAMM
So heißt die Fledermaus der Olchis. → FLUTSCHI
Diese Insekten stürzen tot zu Boden wenn ein Olchi gähnt. → FLIEGEN
Die Olchis essen besonders gerne... → STINKERKUCHEN
Die Olchis schleudern gerne Schlamm... → KNÖDEL
Olchi-Opa erzählt oft... → GESCHICHTEN
Diese Farbe hat Olchi-Haut. → GRÜN
Am allerlautesten schreit das Olchi... → BABY
Dieses Tier lebt auf der Müllkippe. → RATTE
So heißt der Drache der Olchis. → FEUERSTUHL
Winziges Tier, das in einem Netz wohnt. → SPINNE

S. 93
Schmuddeltopf
1 Löffel Nägel
3 Schlammknödel
3 Tassen Pfützenwasser
2 Fischgräten
2 Knochen
1 Ziegelstein
4 Fliegen
Zubereitung:
Schlammknödel und Pfützenwasser
verrühren. Den Ziegelstein und die
Knochen fein zermahlen und zusammen mit den Fliegen und den Nägeln
unter die Suppe rühren. Eine Weile
köcheln lassen. Nun die Fischgräten
hacken und kurz vor dem Servieren
unter die Suppe rühren.

S. 94
$15 + 28 = 43$
$4 + 34 = 38$
$41 - 7 = 34$
$11 + 18 = 29$

S. 95
Die Olchis fliegen in den Tierpark.

S. 96

S. 97

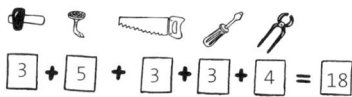

$$3 + 5 + 3 + 3 + 4 = 18$$

Olchi-Papa hat am meisten Nägel.

S. 98

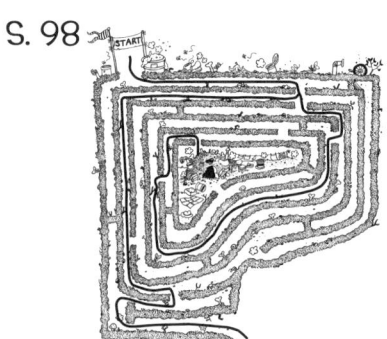

S. 99

Diese Zutaten verwendet Olchi-Mama nicht: Mehl, Zucker, Eier, Orange, Schokolade.

S. 100

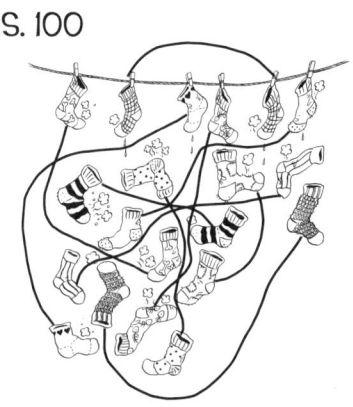

S. 101

Lösungswort: Faulenzen

S. 102

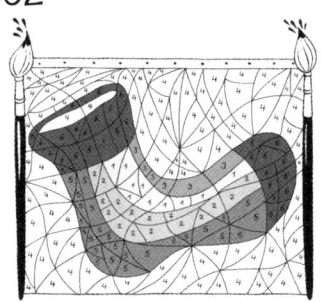

Auf dem Bild der Olchi-Kinder ist ein Strumpf zu sehen.

S. 103

Lösung: Toll gemacht!

S. 104

Lösungswort: Käsesuppe

S. 105

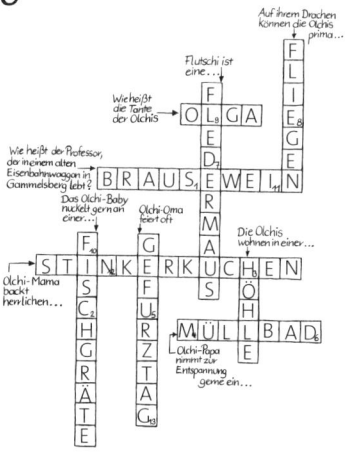

Lösungswort: Schmuddelfing

S. 106

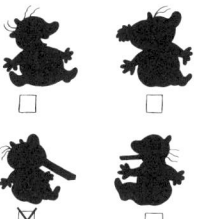

S. 107
Lösung: Viele Stinkergrüße aus der weiten Welt.

S. 108

Die Fischgräte steht nicht im Gitter.

S. 109

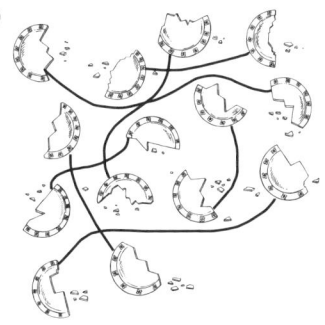

S. 110
Die Olchis essen Schimmelpilze.

S. 111
Lösungswort: Gefurztag

S. 112

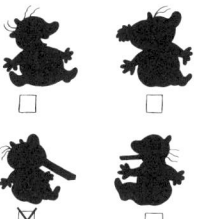

S. 113

S. 114

Lösungswort: Urlaub

S. 115

S. 116
Lösungswort: Käsiger Gichtgräten-furz

»Mensch, ist das ein Gedränge! Und wie olchig das hier stinkt!«, stöhnt ein Mädchen, als im Bus dreimal so viele Leute sind, wie hineinpassen.
Sagt die Freundin: »Und gestern hast du in der Disco so etwas eine geile Atmosphäre genannt!«

»Ich hab meine neue Höhle ganz nach meinem Kopf ein- gerichtet«, verkündet der Olchi-Junge stolz.

»Aha«, sagt das Olchi-Mädchen, »darum sieht sie so leer aus.«

»Jetzt denkt mal scharf nach!«, sagt der Olchi-Junge. »Es wird größer, wenn man etwas davon wegnimmt. Und wenn man etwas dazugibt, wird es kleiner. Was ist das?«
Antwort: Ein Loch in der Erde.

Herr Hufnagel ist wütend.
»Was macht ihr denn da oben?«, brüllt
er auf seinen Kirschbaum rauf.
»Na, was werden wir schon tun«, rufen
die Olchi-Kinder vom Baum herunter.
»Wir hängen die Kirschen wieder hin,
die gestern runtergefallen sind.«

»Du kannst mir sagen, was du willst!«,
brummt das Olchi-Mädchen. »Das geht bei
mir zum einen Hörhorn rein und zum anderen raus!«
»Ist mir klar«, sagt ihr Bruder. »Es ist ja nicht
viel dazwischen!«

»Zwei Ausdrücke will ich von
dir nie mehr hören! Der eine
ist rattig und der andere ist
Kacke!«

»O.k., welche beiden Ausdrücke meinst du?«

Ein Mädchen läutet bei einer Nachbarin in Schmuddelfing. »Meine Mama lässt fragen, ob Sie uns Ihre Schere leihen könnten?«

»Ja, gerne«, meint die Nachbarin, »aber sag, habt Ihr denn selber keine Schere?«

»Schon, aber für das Öffnen von Konservendosen ist sie uns zu schade.«

In der Schule sind zwei Garderobenhaken angebracht worden. Darüber ein Schild: »Nur für Lehrer!« Am nächsten Tag klebt ein Zettel darunter: »Aber man kann auch Mäntel daran aufhängen!«

DER OLCHI-JUNGE STEHT AN DER ROLLTREPPE UND STARRT AUF DIE STUFEN. »AUF WAS WARTEST DU DENN?« »ICH WARTE DRAUF, DASS MEIN KRÖTIGER KAUGUMMI WIEDERKOMMT.«

»Was schenkst du deiner Schwester zu Weihnachten?«
»Geld, sie spart auf ein Fahrrad.«
»Und? Schenkst du ihr welches?«
»Quatsch. Geld kann ich nicht basteln.«

»Meine Mutter reitet aus Schlankheitsgründen.«

»Und? Hilft's ein wenig?«

»Ja, das Pferd hat schon zehn Kilo abgenommen.«

Partyvorbereitung.
»Wie trinkt dein kleiner Bruder den Kakao?«,
fragt die Gastgeberin.

»Halb-halb«, antwortet das Olchi-Mädchen.

»Was heißt das?«

»Halb trinkt er ihn, halb kippt er ihn auf den Teppich.«

Tante Emilie kommt zu Besuch und hat eine faust-
große Brosche am Busen.
»Sag mal, Tantchen«, sagt der kleine Neffe, »warum
trägst du den Rückstrahler vorne und nicht hinten?«

Andi hat eine Freundin. Es ist seine erste.
Darum klappt es mit der Unterhaltung auch noch
nicht so recht.

»Wie geht´s?«, fragt er.
»Danke, gut.«
»Und wie geht´s deiner Mutter?«
»Danke, auch gut.«
Pause.
»Wie geht´s deinem Vater?«
»Danke, sehr gut.«
Noch längere Pause.
»Wie geht´s deinem Bruder?«
»Prima.«
Dann eine ganz lange Pause.
Sagt die neue Freundin:
»Du, eine Oma habe ich auch noch…«

»KOMMST DU MITTWOCH ZU MIR, DANN
SPIELEN WIR IM GARTEN!«

»JA, GERNE. ABER WAS IST, WENN'S AM
MITTWOCH REGNET?«

»DANN KOMMST DU EINFACH SCHON AM
DIENSTAG.«

Olchi-Mama war fort und der Olchi-Junge hat das Baby gehütet.
»War was?«, fragt Olchi-Mama.
»Eigentlich nicht. Das Baby hat einen frischen Käfer verschluckt
und ich hab ihm gleich Insektenpulver gegeben.«
»Na, dann ist ja alles gut!«

Sagt die Olchi-Mama zum Olchi-Kind: »Kannst
du bitte schnell den Salzstreuer auffüllen?« Eine
Stunde später kommt das Olchi-Kind schluchzend
und schniefend aus der Küche: »Ich schaff's einfach
nicht, das Zeug durch die Löcher zu stopfen!«

»Ich wasche mich nie«, sagt Olchi-Papa.

»Ob es notwendig ist oder nicht.«

»Wenn ich groß bin«, sagt die kleine Lilli, »dann möchte ich zwei Tiere. Einen Jaguar und einen Nerz!«

»Und einen dummen Hund, der dir das alles zahlt!«, ergänzt der Bruder.

»Warum spielst du nicht mehr mit deinem Bruder?«
»Würdest du mit jemandem spielen,
der dauernd streitet und betrügt und beleidigt ist,
wenn er mal verliert?«
»Nein. Natürlich nicht.«
»Siehst du. Das sagt mein Bruder auch.«

»EIN HUND HAT MICH IN DEN ARM
GEBISSEN!«, JAMMERT DAS OLCHI-KIND.

»HAST DU WAS DRAUFGETAN?«

»NEIN. ES HAT IHM AUCH SO GESCHMECKT.«

»Mein Vater hat nichts dagegen,
wenn es bei uns zu Hause einmal
geteilte Meinungen gibt. Er sagt
uns seine Meinung und wir dürfen
sie dann teilen!«

Olchi-Mama ist sauer auf die Olchi-Kinder.
»Müsst ihr immer anderer Meinung sein!«
»Sind wir ja gar nicht«, sagt der Olchi-Junge.
»Sie will das größere Stück Stinkerkuchen und ich auch!«

»Warum spielst du ausgerechnet mit den unartigsten Kindern der ganzen Umgebung?«, will die Olchi-Oma wissen.
»Weil die artigen Kinder nicht mit mir spielen dürfen.«

»Mama, weißt du eigentlich, wie viel Zahnpasta
in so einer Tube ist?«, fragt Robin.

»Nein.«

»Es reicht fast durchs ganze Wohnzimmer.«

»NIE MEHR NEHME ICH MEINE SCHWESTER
ZUM ANGELN MIT!«, SAGT DER OLCHI-JUNGE.

»WIESO DENN?«

»SIE HAT MIR ALLE WÜRMER WEG-
GEFRESSEN!«

Der Olchi-Junge sagt zu Olchi-Papa:
»Kann Oma Autos reparieren?«
»Sicher nicht. Warum?«
»Ich habe sie gerade unter einem liegen sehen!«

»Wer von euch Stinkerichen hat mir den Schlammknödel an den Kopf geschmissen?«, will die erboste Olchi-Oma wissen. »Mein Bruder war schuld!«, sagt das Olchi-Mädchen. »Er hat sich geduckt!«

Ein Mädchen steht in der Umkleidekabine einer Boutique und probiert Pullover an. Sie fragt die Verkäuferin: »Kann ich die Klamotten zurückbringen, falls sie meinen Eltern gefallen?«

DIE KLEINE LISA HAT AUF DEM DACHBODEN EINEN LAUFSTALL ENTDECKT. AUFGEREGT LÄUFT SIE ZU IHRER MAMI: »MAMI, WIR WERDEN BALD EIN KIND KRIEGEN! DIE FALLE IST SCHON AUFGESTELLT!«

Klein-Erna und ihre Mutter schauen alte Familienfotos an. Erna fragt: »Wer ist denn der hübsche Mann mit den langen Haaren hier auf dem Foto?« Antwortet die Mutter: »Aber das ist doch Papa.« Erna: »Und wer ist dann der dicke Mann mit der Glatze, der bei uns wohnt?«

Fragt der Kartenverkäufer vom Kino die kleine Susi: »Warum kaufst du denn schon zum dritten Mal eine Eintrittskarte?«
Susi: »Ja, der Mann da vorne am Eingang zerreißt sie mir immer!«

Ein junger Dummhauser fährt seine Oma mit dem Auto zum Arzt. Bevor die Oma in das Auto einsteigt, sagt sie zu ihrem Enkel: »Ach, stell mir doch bitte mal den Sitz vor!« Der Dummhauser darauf: »Gut, also, darf ich bekannt machen? Oma, das ist der Sitz! Sitz, das ist meine Oma!«

DER LEHRER ÜBERRASCHT SEINE MATHE-MATIKKLASSE: »HEUTE WERDEN WIR MIT COMPUTERN RECHNEN.« »PRIMA«, FREUEN SICH DIE SCHÜLER. »ALSO, WIE VIEL SIND 67 COMPUTER MINUS 27 COMPUTER?«

Ein Junge spielt Klavier. Die Mutter sieht seine schmutzigen Finger und meckert: »Junge, ich habe dir doch gesagt, du sollst nicht mit dreckigen Fingern Klavier spielen!« Darauf der Junge: »Wieso, ich spiele doch sowieso nur auf den schwarzen Tasten.«

Der kleine Olchi-Junge klingelt bei der Nachbarin:
»Ich übe gerade Bogenschießen und habe meinen
Pfeil in Ihren Garten geschossen. Darf ich ihn wieder-
holen?«

»Aber ja. Wo steckt er denn?«

»In Ihrer Katze...«.

»Papa, wir müssen mal wieder unter drei Augen sprechen«,
sagt das Olchi-Mädchen.

»Du meinst, unter vier Augen?«

»Nein, drei. Eins musst du nämlich zudrücken.«

Das Olchi-Kind hat eine Idee: Wer das
dümmste Gesicht machen kann, der hat
gewonnen!
Alle Olchis geben sich größte Mühe und
verrenken ihre Gesichtszüge. Schon nach
kurzer Zeit ist man sich einig: Olchi-Opa
ist der Sieger!
Doch der brummt nur: »Ich hab doch gar
nicht mitgespielt!«

Der kleine Willi kommt völlig verdreckt
vom Fußballspielen nach Hause. Er läuft
durch den Flur, das Wohnzimmer, die
Küche und durch sein Kinderzimmer.
Alles ist olchig verschmutzt. Seine Mutter
deutet nur wortlos auf das Badezimmer
– das heißt, er soll sich sofort waschen.
Aber Willi winkt ab und sagt: »Das lohnt
sich gar nicht. In einer Woche ist doch
schon das Rückspiel!«

Olchi-Papa sagt zum kleinen Olchi: »Zünde doch bitte unseren Weihnachtsbaum an!«
Nach einer Weile kommt der kleine Olchi und sagt: »Der Baum brennt gut, die Kerzen hab ich alle gegessen.«

»WIE ALT IST EIGENTLICH OLCHI-OPA?«
»KEINE AHNUNG. DEN HABEN WIR SCHON EWIG.«

»Was macht der Gesangsunterricht deiner Schwester?«, wird der kleine Hannes gefragt. »Singt sie immer noch so olchig?«

»Wird schon besser. Wir können schon die Watte aus den Ohren nehmen. Und langsam dürfen wir auch die Fenster wieder aufmachen.«

»WIE NENNT MAN EINEN MENSCHEN, DER REDET UND REDET, AUCH WENN IHM KEINER ZUHÖRT?«

»LEHRER.«

»Olchi-Papa, wie geht dein selbst
gebasteltes Skateboard?«

»Mein Skateboard geht nicht.
Es fährt.«

»O.k. Und wie fährt es?«

»Es geht.«

»Axel, warum nennt man unsere
Sprache Muttersprache?«
»Weil Papi nie zu Wort kommt!«

Fritzchen sagt zur Oma: »Gib mal den Bleistift her!«
Oma: »Wie heißt das Wort mit den zwei t?«
Fritzchen: »Aber flott!«

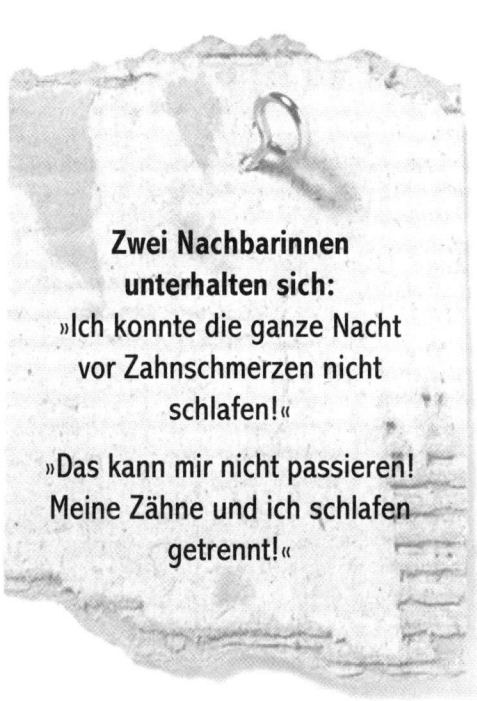

Zwei Nachbarinnen
unterhalten sich:
»Ich konnte die ganze Nacht
vor Zahnschmerzen nicht
schlafen!«

»Das kann mir nicht passieren!
Meine Zähne und ich schlafen
getrennt!«

Fritzchen trifft eine Oma auf dem Spielplatz.
Die berichtet ihm stolz: »Weißt du was? Ich werde
bald Uroma!« Fritzchen ist begeistert: »Cool, dann
kannst du mir ja immer sagen, wie spät es ist!«

SAGT DAS EINE SCHWEIN ZUM ANDEREN:
»IST DOCH EH WURST, WAS AUS UNS WIRD.«

Ein Walfisch sagt zum Thunfisch:
»Wollen wir es tun, Fisch?«
Da sagt der Thunfisch zum Walfisch:
»Hab ich eine Wahl, Fisch?«

Klein-Erna bekommt einen 10-€-Schein
von ihrer Oma, die ihr noch mit auf den
Weg gibt: »Davon kaufst Du mir aber
keine Süßigkeiten!.« Klein-Erna
antwortet verdutzt: »Warum sollte ich
dir denn Süßigkeiten kaufen?«

Zwei Rentner treffen sich im Park.
»Stehen Sie immer so früh auf?«
»Nein, nur einmal am Tag!«

»BIST DU FERTIG«?, RUFT OLCHI-MAMA.
»HAST DU DEINE SCHUHE AN?«

»JA, ALLE BIS AUF EINEN.«

»Warum musstest du heute nachsitzen?«, fragt der Vater.
»Ich habe mich geweigert jemanden zu verpetzten.«
»Das war aber fair von dir, worum ging es denn?«
»Unser Lehrer wollte wissen, wer Julius Cäsar ermordet hat.«

KOMMT EIN FROSCH IN DEN LADEN.
FRAGT DER VERKÄUFER:
»WAS DARF`S DENN SEIN?«
FROSCH: »QUARK«.

»Hat diese Medizin schlimme Nebenwirkungen?«, fragt der Olchi-Junge den Schmuddelfinger Doktor.

»Allerdings. Morgen kannst du wieder in die Schule gehen.«

Der Lehrer beschließt, seiner Klasse endlich einmal Sauberkeit beizubringen.
Er zeigt auf den Olchi-Jungen, der sich offensichtlich wieder nicht gewaschen hat, und schickt den kleinen Kerl auf der Stelle wieder nach Hause.
Und was passiert dann?
Am nächsten Tag kommt die ganze Klasse ungewaschen zur Schule!

»Wie war's bei der Aufnahmeprüfung?«
»Krötig! Zuerst lief's fantastisch. Ich habe vier Fragen
tadellos beantwortet. Aber danach war's wie verhext.«
»Was waren denn die ersten Fragen?«
»Name? Geboren wann? Geboren wo? Name des Vaters?
Danach war Sense.«

Im Naturkundeunterricht.
»Die Vögel schleppen Futter herbei und füttern
ihre Jungen«, erzählt die Lehrerin.
Das Olchi-Mädchen wundert sich: »Und die
Mädchen bekommen nichts?«

»WAS IST DIE STEIGERUNG VON LEER?«
»LEHRER!«

»Lieber Gott«, betet Laura vor dem Schlafengehen,
»mach bitte, dass Amsterdam die Hauptstadt von
Brasilien wird. Ich habe das heute im Erdkundetest
geschrieben.«

»Gestern hast du mir erzählt, du hättest fünf Einser gekriegt. Und jetzt kommst du mit dieser Fünf daher!«

»Konnte ich wissen, dass der doofe Lehrer die fünf Einser zusammenzählt?«

SAGT DER LEHRER:
»ES GIBT MILLIMETER, DEZIMETER,
ZENTIMETER ... WAS NOCH?«

»THERMOMETER UND ELFMETER«, SAGT
DER OLCHI-JUNGE.

»Nennt mir Nagetiere!«

»Häschen.«

»Mäuschen.«

»Stachelschweinchen.«

»Jetzt lasst mal dieses blödsinnige -chen fort!«

»Eichhörn!«

»Also gut, das ist eine Ausnahme.«

»Kanin!«

»Frett!«

Sagt die Lehrerin: »Hans, nenne mir doch mal alle Sinne, die dir bekannt sind.«

»Schwachsinn, Blödsinn und Unsinn!«

»Was ist Wind?«, fragt der Lehrer.
Sagt das Olchi-Kind: »Muffelwind kommt hinten raus...«
»Nein, diesen Wind meine ich nicht!«
Willi weiß es: »Wind ist Luft, die es eilig hat!«

Das Olchi-Mädchen: »Herr Lehrer, ist der Stille Ozean eigentlich den ganzen Tag still?«

Sagt der Lehrer: »Frag doch bitte einmal etwas Vernünftiges!«

Das Olchi-Mädchen: »Wann ist das Tote Meer gestorben?«

»Krötig! Ich hab nur Schuhgröße 35«,
sagt das Olchi-Mädchen.

»Aber müffeln tut´s für Größe 46!«

»Jetzt rechne mal mit«, sagt der Lehrer. »Deine
Mama kauft eine Handtasche für 90 €, ein Paar
Schuhe für 160 €, einen Wintermantel für 430 €
und einen neuen Hut für 170 €. Was ergibt das?«

»STUNK MIT PAPA!«

»Du, da draußen ist einer, der sammelt
für's neue Seniorenheim.«
»Ist gut. Gib ihm den Opa mit!«

LEHRER: »WIE KANNST DU BEWEISEN, DASS
DIE ERDE RUND IST?«

OLCHI-MÄDCHEN: »KRÖTIGER PAMPERICH,
DAS HAB ICH NIE BEHAUPTET!«

OLCHIGE FRAGEN

Was bekommt ein Geier, wenn er in einen Misthaufen fällt?

Krötige Kotflügel!

WAS MACHT EINE WOLKE, WENN SIE JUCKREIZ HAT?

Sie fliegt zum Wolkenkratzer!

Wieso können Skelette schlecht lügen?

Weil sie leicht zu durchschauen sind!

WANN SIND KARTOFFEL-CHIPS WIRKLICH FRISCH?

Wenn man sie im Kino mindestens sechs Reihen weit hören kann.

Woran erkennt man, dass Elefanten im Kühlschrank waren?

An den Fußspuren im Quark!

Wie heißt der Chef von McDonald's in Istanbul?

IZMIR ÜBEL.

Was ist ein Keks unter einem Baum?
DAS IST EIN SCHATTIGES PLÄTZCHEN!

WAS IST DER UNTERSCHIED
ZWISCHEN EINER BLOCKFLÖTE
UND EINEM KLAVIER?

Ein Klavier brennt länger!

WELCHES TIER IST FAST SO STARK
WIE EIN OLCHI?

Das stärkste Tier ist die Schnecke.
Sie kann ein Haus tragen!

Wie bekommt man drei Elefanten in einen Kühlschrank?
Tür auf – Elefanten rein – Tür zu!

Sagt die Lehrerin zum Olchi-Mädchen:
»Ich hoffe wirklich, dass ich dich heute zum
letzten Mal beim Abschreiben erwischt habe.«
Antwortet das Olchi-Mädchen:
»Lausiger Hühnerfurz, das hoffe ich auch!«

»Was habt ihr heute in der Schule gemacht?«,
fragt Olchi-Opa.

»Wir mussten den gemeinsamen Nenner suchen«,
berichtet das Olchi-Kind.

»Und wo hattet ihr den versteckt?«

»Ich würde dich ja gerne zu meinem Geburtstagsessen
einladen«, sagt Olchi-Oma zum kleinen Olchi. »Aber dann
wären wir dreizehn am Tisch. Und Muffel-Furz-Teufel, du
weißt ja, dass ich abergläubisch bin.«

»Das macht nichts«, antwortet der kleine Olchi.
»Ich esse für zwei.«

Das Olchi-Mädchen wird gefragt: »Was würdest du tun,
wenn du jetzt im Müllberg einen Haufen Geld finden würdest?«

»Ich würde mir in Schmuddelfing ein schönes Kleid kaufen
und mich damit in die allergrößte Pfütze legen!«

Olchi-Opa muss sich einen Ausweis ausstellen lassen.
»Besondere Kennzeichen?«, fragt der Beamte.
Sie rätseln hin und her.
Endlich ruft Olchi-Opa: »Ich kann mit den Hörhörnern wackeln!«

»OMA, DARF ICH DIR WIEDER EINE
SCHACHTEL KOPFWEHPILLEN HOLEN,
WIE GESTERN?«

»WAS SOLL ICH DAMIT? SO VIEL KOPFWEH
HAB ICH JA GAR NICHT.«

»ABER DIE PILLEN PASSEN SO GUT IN MEIN
LUFTGEWEHR.«

»Regnet es hier in Schmuddelfing eigentlich
immerzu?«, fragt der Feriengast verärgert.
»Nein, natürlich nicht«, sagt der Einheimische.
»Im Winter schneit es auch.«

In der heißen Wüste reitet ein Beduine verschwitzt auf seinem Kamel. Plötzlich kommt ein Radfahrer mit einem Affenzahn auf ihn zu- geradelt und er kann gerade noch bremsen. Verwundert fragt ihn der Beduine: »Sag mal, wie kannst du bei der Hitze mit einem solchen Tempo fahren?«

Sagt der Radfahrer: »Ganz einfach, wenn ich so in die Pedale trete, habe ich vollen Gegenwind, und das kühlt ungemein!«

Der Radfahrer schießt wieder davon und der Beduine überlegt kurz, dann gibt er seinem Kamel die Sporen. Zwei Stunden lang sausen sie durch die Wüste, bevor das Kamel tot zusammenbricht. Der Beduine schaut grübelnd auf das tote Tier und meint: »Mist, erfroren!«

Olchi-Opa sieht einen Typ mit einem Schmetterlingsnetz in der Wiese herumlaufen. »Was machst du da?«, fragt er.
»Ich fange Schmetterlinge«, sagt der Typ.
»Spotz-Teufel, da musst du aber viel herumrennen bis du ein ordentliches Mittagessen zusammenhast!«

Eine Frau kommt zum Arzt. »Herr Doktor, ich habe immer diese schrecklichen Blähungen und muss andauernd pupsen. Ich komme mir schon vor wie ein Olchi! Meine Pupse stinken zwar nie und es passiert immer ohne jedes Geräusch, aber lästig ist es doch. Gerade habe ich schon dreimal gepupst und Sie, Herr Doktor, haben nichts gemerkt! Was kann ich da tun?«

Sagt der Doktor: »Nehmen Sie diese Tabletten und kommen Sie in einer Woche wieder.«

Nach einer Woche ist die Frau wieder da. »Herr Doktor! Was zum Teufel haben Sie mir da gegeben? Meine Blähungen, obwohl sie immer noch sehr leise sind, stinken plötzlich ganz fürchterlich!«

»Sehr gut. Jetzt, wo Ihre Nase wieder funktioniert, wollen wir uns noch um Ihr Gehör kümmern ...«

Olchi-Opa dichtet:

»Es glänzt der grüne Schleime-Schlamm
dort im Schnee, so gut er kann,
es glänzet auch der Käsefuß,
was gar nicht glänzt, das ist der Ruß!«

Nach dem Essen.
»So, jetzt, was wolltest du mir sagen?«

»Zu spät. Du hast die Fliege in der
Suppe schon mitgegessen!«

»MAG DER HUND AUCH OLCHI-KINDER?«,
FRAGT DER OLCHI-OPA DEN HUNDEZÜCHTER.
»GANZ BESTIMMT«, SAGT DER. »ABER
BILLIGER KOMMEN SIE WEG, WENN SIE IHM
HUNDEFUTTER KAUFEN.«

**Olchi-Mama stellt einen grünen
Wackelpudding auf den Tisch.**

»Den ess ich nicht«,
sagt das Olchi-Mädchen.
»Der lebt ja noch!«

Der Großvater erzählt dem kleinen Michael:
»Als ich in Alaska war, wurde ich von acht Wölfen angefallen.«
»Aber Opa, letztes Jahr hast du gesagt, es seien
nur vier gewesen!«
»Da warst du auch noch zu jung, um die ganze
Wahrheit zu erfahren!«

Andi stöhnt: »Immer quatschen sie von Lehrermangel. Bei uns fehlt nie einer!«

Fragt der Lehrer seine Klasse:
»Angenommen, ich bohre im Kölner Dom ein Loch senkrecht in den Boden bis zum Mittelpunkt der Erde und dann noch weiter. Wo komme ich dann hin?«

»Bestimmt in die Klapsmühle«, ruft das eine Olchi-Kind.

»Muffel-Furz-Teufel, der Lehrer hat mir gesagt, dass er sich grätige Sorgen wegen deiner schlechten Leistungen macht«, sagt Olchi-Mama.
»Vergiss es«, sagt der Olchi-Junge. »Was gehen uns die grätigen Sorgen anderer Leute an?«

Kommt eine Frau aufgeregt zum olchigen Müllberg gelaufen: »Ihr unverschämter Sohn hat mich »Dumme alte Kuh« genannt! Was sagen Sie dazu?« Olchi-Papa seufzt: »Und ich hab ihm schon so oft gesagt, er soll die Leute nicht nach ihrem Äußeren beurteilen...«

OLCHI-MAMA RUFT: »DAS ESSEN IST FERTIG! IHR KÖNNT NÖRGELN KOMMEN!«

»Mein Sohn«, sagt der Papa, »ich bewundere dich sehr!«
»Wieso?«

»Na, es gehört wirklich viel Mut dazu, so ein Zeugnis herzuzeigen!«

Bei den Pfadfindern ist das Motto des Tages:
Jeder muss eine gute Tat vollbringen.
Am Abend treffen sich alle Pfadfinder und
erzählen sich von ihren guten Taten. Nur der
kleine Olchi-Junge fehlt noch. Endlich kommt er
angelaufen. Er sieht total zerzaust und zerkratzt
aus und sein schmuddeliges T-Shirt ist zerrissen.
Fragt ihn der Pfadfinderleiter: »Na, welche gute
Tat hast du denn heute vollbracht?«
Sagt der Olchi-Junge: »Ich hab einer alten Oma
über die Straße geholfen.«
»Na, das ist ja prima, aber warum bist du so
zerkratzt?«
»Sie wollte nicht rüber!«

Das Olchi-Kind fragt: »Was ist Wind?«
Sagt der Olchi-Papa:
»Das ist Luft, die es eilig hat.«

Olchi-Mama kommt nach Hause. Sie fragt das Olchi-Mädchen:
»War jemand da?«
Sagt das Olchi-Mädchen: »Ja.«
Fragt die Olchi-Mama: »Wer?«
Das Olchi-Mädchen antwortet: »Ich.«
Meint die Olchi-Mama: »Nein, nein, ich meine ob jemand gekommen ist?«
Sagt das Olchi-Mädchen: »Ja, du!«

»WELCHEN VON DEINEN BEIDEN BRÜDERN MAGST DU LIEBER?«
»WENN ICH ES SAGE, DANN VERHAUT MICH DER ANDERE.«

Sagt ein Kamel zu einer Kuh:
»Wir könnten eine Milch-
bar aufmachen. Du lieferst
die Milch und ich habe die Hocker.«

»GEH SOFORT VOM FERNSEHER WEG!«, RUFT DIE ÄNGSTLICHE TANTE. »SIEHST DU DENN NICHT, DASS DER ANSAGER SCHNUPFEN HAT?«

Olchi-Opa brütet über einem Kreuzworträtsel.
Er fragt Olchi-Oma: »Kennst du den Namen
einer Muse?«
»Pampel«, sagt Olchi-Oma. »Schmeckt aber
nicht... Und du, weißt du, was ein Pensch ist?«
»Keine Ahnung«, antwortet Olchi-Opa.
»Das Mittelstück vom Lampenschirm«, sagt
Olchi-Oma. »Das Mittelstück schmeckt mir
am besten!«

Frau Blau fragt ihre Nachbarin: »Wie schaffen Sie es, dass Ihre
Kinder nicht immer alle Plätzchen wegfuttern?«

»Ganz einfach«, antwortet die Nachbarin. »Ich schließe die
Plätzchen in der Vorratskammer ein und verstecke den Schlüs-
sel in der Seifenschale! Meine Kinder sind nämlich wie Olchis,
sie waschen sich nie!«

Sagt das eine Olchi-Kind: »Papa, ich
möchte ein paar Fischgräten haben!«

»Immer willst du haben«, brummt Olchi-Papa,
»denk doch auch mal ans Geben!«

»Also gut, dann gib mir bitte ein paar Fischgräten!«

Die kleine Susi kommt nach Hause und fragt ihre Mutter: »Was magst du lieber: Nähen oder Waschen?«
»Nähen!«, antwortet die Mutter. Da sagt Susi erleichtert: »Gut, denn ich habe im Kindergarten Pipi in die Hose gemacht und gleich das nasse Stück ausgeschnitten.«

»Sag mal, Papa, kannst du deinen Namen ganz schnell schreiben?«

»Aber sicher, mein Sohn.«

»Und kannst du das auch mit geschlossenen Augen?«

»Natürlich.«

»Gut. Dann mach jetzt schnell die Augen zu und unterschreib mein Zeugnis.«

ZWEI FREUNDINNEN UNTERHALTEN SICH:
»WENN ICH NACH HAUSE KOMME, DANN KOCHT MEINE MUTTER VOR WUT!«
»DU HAST ABER GLÜCK, MEINE MUTTER KOCHT MIR DANN ERST RECHT NICHTS ZUM MITTAGESSEN!«

Mutter zum Kind: »Wie oft soll ich dir noch sagen, dass du nicht über den ganzen Tisch langen sollst, nur um an die Butter zu kommen? Hast du denn keinen Mund?«
»Doch, aber mit der Hand geht es eben besser!«

Ein Eisbärbaby sitzt auf dem Schoß seiner Mutter. »Mama, bin ich wirklich ein Eisbär?« Antwortet die Mutter: »Ja, natürlich!« Wenige Minuten später stellt der kleine Bär die Frage wieder und erhält dieselbe Antwort. Und dann gleich noch einmal. Irgendwann fragt die Eisbärmutter: »Warum fragst du denn immer?« Da meint der kleine Eisbär: »Ach, Mami, mir ist sooo kalt!«

Die kleine Tochter beschwert sich bei ihrer Mutter, dass ihr der Apfel nicht schmecken würde. Antwortet die Mutter: »Hast du ihn auch gut gewaschen?« Tochter: »Ja, sogar mit Seife!«

»Hast du schon einmal gesehen, wie ein Kälbchen geboren wird?«, fragt der Bauer den kleinen Fritz.
»Nein, wie denn?«
»Zuerst kommen die Vorderbeine, dann der Kopf, dann die Schultern und der Körper und zum Schluss die Hinterbeine.«
»Toll, und wer bastelt das dann alles wieder zusammen?«

»Was ist der Unterschied zwischen ausreichend und genug?«, fragt die Schmuddelfinger Lehrerin das eine Olchi-Kind.
»Schleimiger Käserich!«, sagt das Olchi-Kind.
»Ausreichend ist, wenn Mama mir Stinkerbrühe gibt. Genug ist, wenn ich mir selber welche nehme. Aber ich nehme mir immer genug, so dass es ausreicht!«

»Der Osterhase bringt mit wichtiger Miene ein Straußenei in den Hühnerstall. »Meine Damen, ich möchte nur mal zeigen, was woanders geleistet wird!«

»Na Julius, wie fandest du das Wetter heute?«
»Wie immer, ich machte die Tür auf und da war es!«

»BRAUCHST DU EINE TASCHENLAMPE?«
»NEIN. ICH FINDE MICH IN MEINEN TASCHEN
AUCH SO ZURECHT.«

Lotta sagt zu Papa: »Wenn du schon
mein Taschengeld nicht erhöhen kannst,
dann gibst du mir eben das Gleiche
wie bisher – aber dafür zweimal in der
Woche. Ist das o.k. für dich?«

»Ich war heute im Schönheitssalon!«
»Und? Warum bist du nicht drangekommen?«

Beim Rodeln. Eine alte Dame sagt zum Olchi-Mädchen:
»Lässt du deinen Bruder vielleicht auch mal fahren?«

»Aber klar«, sagt das Olchi-Mädchen. »Wir wechseln
uns ab. Den Berg hinauf darf er fahren und hinunter
fahre ich.«

»JETZT KANN ICH SCHON GUTEN MORGEN
UND DANKE AUF ENGLISCH SAGEN!«

»UND WANN LERNST DU DAS AUCH AUF
DEUTSCH?«

»Heiße Würstchen! Heiße Würstchen!«
»Sehr angenehm. Heiße Meier!«

»Du, das war doch dein Lehrer.«

»Stimmt!«

»Und warum grüßt du ihn nicht?«

»Wir haben Ferien!«

»Katastrophe!«, beschwert sich der Gast. »Die Suppe
schmeckt wie olchiges Putzwasser, die Nudeln wie
Olchi-Mamas Spülschwamm und die Schnitzel wie
krötiges Fensterleder.«

»Verzeihen Sie«, sagt der Ober, »unser Koch ist
heute krank.«

»Aha, und wer hat dann gekocht?«

»Die Putzfrau.«

»Herr Ober, servieren Sie auch Pflaumen?«

»Mein Herr, wir servieren grundsätzlich jedem Gast.«

»Jetzt ist das Ei schon wieder so hart!«
»Muffel-Furz-Teufel, mach doch die Schale ab, dann wird es weicher!«

Das Baby ist klein, aber saufrech.
»Sag mal, Mama«, fragt Rokko. »Wann ist das Baby endlich groß genug, dass man es verhauen darf?«

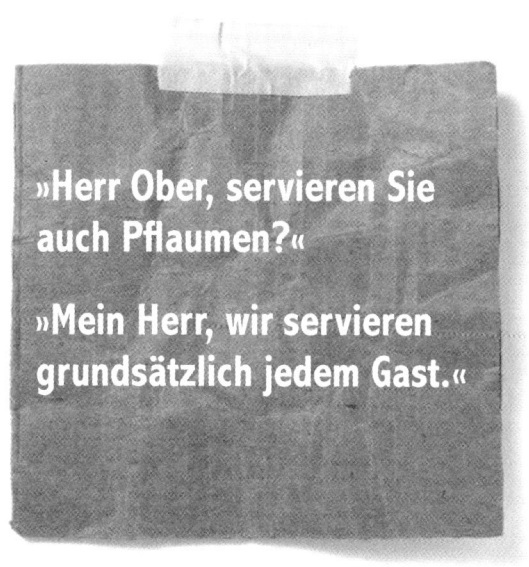

Neulich auf der Müllkippe von Schmuddelfing.
»Schrecklich, was wir Menschen so alles verbrauchen und wegwerfen!«

»Ja, und erst die Umweltverschmutzung! Gestern habe ich eine Dose Sardinen aufgemacht...«

»Und?«

»Alles voller Öl und alle Fische tot!«

Olchi-Papa erzählt:
»Letztes Mal habe ich Olchi-Mama zum Gefurztag eine alte Luftmatratze geschenkt!«
»Und was schenkst du ihr dieses Mal?«
»Ich blase sie ihr neu auf!«

»Muffel-Furz-Teufel«, schimpft Olchi-Mama
das Olchi-Kind.
»Willst du nun tun, was ich dir sage,
oder willst du heute ohne Essen ins Bett?«

»Was gibt es denn...?«

»DU BIST DOCH VEGETARIER,
WIESO BESTELLST DU AUSGERECHNET
HASENBRATEN?«

»AUS RACHE! SIE FRESSEN MIR
DIE MÖHREN WEG!«

»Du hast im Urlaub so dicke Backen bekommen!
War das Essen so gut?«

»Nö. Ich musste immer die Luftmatratzen aufblasen.«

Das kleine Schwesterchen von Konrad hat Fieber.
Der Doktor horcht mit dem Stethoskop ihren
Rücken ab.
Meint Konrad: »Psst! Jetzt telefoniert er mit den
Bazillen!«

»Wo treffen wir uns?«

»Ist mir egal.«

»Und wann soll ich kommen?«

»Ist mir egal.«

»Mir auch! Also bis dann, mach's mal gut!«

»Ja, du auch. Aber sei diesmal pünktlich!«

»Schau mal, da vorne fliegt ein grätiger Zitronenfalter!«

»Schlapper Schlammlappen! Zitronenfalter sind doch gelb und der da ist grün.«

»Er ist eben noch nicht ganz reif.«

»Professor Brausewein hat das tollste Haarwuchs-mittel erfunden. Gestern hat er ein paar Tropfen davon auf einen Bleistift geträufelt. Und heute kann er ihn als Zahnbürste benutzen!«

»WAS MACHST DU HEUTE ABEND?«

»HEUTE SCHAU' ICH MIR DIE MONDFINSTERNIS AN.«

»SUPER! IN WELCHEM PROGRAMM?«

»Was empfehlen Sie, Herr Ober?«
»Forelle, Wiener Backhuhn, Schweinebraten,
Jägerschnitzel und Apfelstrudel«, sagt der Ober.
»Das nehm' ich«, sagt der Gast. »Und zwar in
genau dieser Reihenfolge!«

»Oje!«, jammert Frau Zeislmeier. »Mein Mann ist von einer Dampfwalze überfahren worden! Er liegt im Krankenhaus!«

»Wie schrecklich! In welchem Zimmer liegt er denn?«

»Zimmer zehn bis vierzehn!«

Am Haupttor zum Stadion.
»Wer drängelt denn da so?«, ruft einer.

»Was nützt es Ihnen, wenn ich Ihnen jetzt meinen Namen sage?«, meint der hinter ihm.

»Moritz, kannst du mir sagen, wann Rom erbaut wurde?« »Ja, nachts«, kommt es wie aus der Pistole geschossen. »Wie kommst du denn darauf?« »Mein Vater sagt immer, Rom wurde nicht an einem Tag erbaut!«

Olchi-Opa hat ein altes Telefon gefunden.
»Vor 300 Jahren hat noch kein Mensch etwas vom Telefonieren gewusst«, meint er, »dabei ist die Sache so simpel: Man hebt einfach ab und wählt.«

»Also merkt euch das: Hitze dehnt aus und Kälte zieht zusammen. Wer kann mir ein Beispiel geben? Katharina meldet sich: »Die Ferien im Sommer dauern sechs Wochen, die im Winter nur zwei!«

»Sag mal, ist dir noch zu helfen? Du kannst doch keine volle Benzinflasche auf den glühenden Ofen stellen!«

»Ach, du mit deinem ewigen Aberglauben!«

Läuft ein Pony durch den Wald und trifft einen heulenden Hasen.
»Was hast du denn?«, fragt das Pony besorgt.
»Der Bär hat gefragt, ob ich fussele. Ich habe Nein gesagt und dann hat er mich einfach als Klopapier benutzt!«, jammert der Hase.
Am nächsten Tag sieht das Pony den Hasen wieder an der gleichen Stelle. Der Hase sieht sehr fröhlich aus.
»Warum bist du so guter Laune?« fragt das Pony.
»Heute hat der Bär das Stachelschwein gefragt!«

»KENNST DU ETWAS SCHLIMMERES ALS HAARE IN DER SUPPE?«
»JA, DASSELBE UMGEKEHRT!«

Lara kommt ins Wohnzimmer. »Mama, jetzt weiß ich endlich, was ich dir zum Geburtstag schenke. Einen neuen Frisierspiegel.«

»Das ist schön! Aber einen Frisierspiegel habe ich doch schon!«

»Gehabt, Mama. Du hast ihn gehabt!«

»ICH HABE ES SATT, TAG FÜR TAG NUR HERUMZUHÄNGEN«, MEINTE DIE GLÜHBIRNE UND BRANNTE DURCH.

Fritz besucht seinen Opa und klingelt, der ruft: »Komm rein, die Tür ist offen!« Da antwortet Fritz: »Geht nicht, ich habe schmutzige Füße.« Da sagt der Opa: »Ist doch nicht schlimm. Lass doch einfach deine Schuhe an!«

Zwei ältere Damen plaudern über ihre früheren Verehrer. Prahlt die eine: »Mir lag sogar einmal ein König zu Füßen!« Darauf die andere bissig: »Der wird dir beim Kartenspielen runtergefallen sein!«

»Haste gehört? Alex hat sich einen Gebrauchtwagen gekauft.«

»Welche Farbe?«

»Zweifarbig. Weiß und Rost.«

»Bei einem Zoobesuch sagt die Mutter besorgt zu ihrer kleinen Tochter: »Liebes, geh sofort von dem Löwen weg!« Meint die Kleine treuherzig: »Wieso, Mutti, ich tue ihm doch gar nichts.«

Tom und seine Oma sitzen vor dem Fernseher und gucken Fußball. Sagt Tom: »Noch immer kein Tor!« Darauf die Oma: »Aber da sind doch zwei!«

»Ich lebe vom Schweiß meiner Mitmenschen«,
sagt Herr Zeislmeier.

»Und das getrauen Sie sich so ohne Weiteres zu sagen?«

»Na klar. Ich bin Besitzer einer Sauna!«

»Pass doch auf, du Idiot. Du
trittst mir dauernd auf den Fuß!
Ich kann schon fast nicht mehr
gehen. Kannst du nicht woanders
hintreten?«
 »Kann ich. Aber dann kannst du
nicht mehr sitzen!«

»Schau mal runter, was das für ein Krach war!«
»Ein Auto wollte in die Seitenstraße einbiegen.«
»Aber wir haben doch gar keine Seitenstraße!«
»Eben.«

»Unser Kanarienvogel hat Benzin gesoffen!«
»Und?«
»Er flog dreimal durchs Zimmer, dann stürzte er ab.«
»Tot?«
»Nein. Das Benzin war alle.«

OLCHIGE FRAGEN

WAS WILL JEDER WERDEN UND DOCH KEINER SEIN?   Alt.

Was ist schwerer: ein Kilo Eisen oder ein Kilo Federn?

Beides gleich schwer.

Warum sind Schüler so reich?

Weil fast jeder eine Bank besitzt.

WELCHES KÄTZCHEN IST KEIN TIER? Weidenkätzchen.

AUS WELCHEN GLÄSERN KANN MAN NICHT TRINKEN?
Aus Brillengläsern.

Hast du mich vor- und rückwärts gelesen, bin
ich doch immer nur seitwärts gewesen.

NEBEN.

Wer geht spazieren und bleibt doch zu Haus?
DIE SCHNECKE.

**Was ist der Unterschied zwischen einem
Bäcker und einem Teppich?**

Der Bäcker muss früh um halb 5 aufstehen.
Der Teppich kann liegen bleiben.

Was ist tiefer – Teller oder Tasse?

Oder.

WELCHEN SCHRITT SOLLTEN
SICH DIE MENSCHEN ANEIGNEN?
Den Fortschritt.

Wenn die Schwester deines Onkels nicht
deine Tante ist, wer ist sie dann?
Deine Mutter.

Ruft das eine Olchi-Kind:
»Mama, komm schnell! Ich habe
die große Leiter umgestoßen.«

»Ranziger Käsefuß,
hol' Olchi-Papa.
Er soll dir helfen.«

»Er kann nicht.
Er hängt oben an der Dachrinne!«

»ALLES KANN MAN, WENN MAN WILL.«
»DANN NAGLE EINEN PUDDING
AN DIE WAND!«

»Muffel-Furz-Teufel! Wo soll das noch hinführen?«

»Keine Ahnung.«

»Na also! Dann sind wir uns ja einig!«

Der Zahnarzt schaut dem Olchi-Kind in den Mund und sagt: »Oh Mann, du hast vielleicht einen hohlen Zahn... Zahn... Zahn! Das ist kein Loch... Loch... Loch! Das ist ja schon eine Höhle... Höhle... Höhle!«

»Ich habe sehr gute Hörhörner. Sie müssen nicht alles dreimal sagen«, meint das Olchi-Kind.

»Tu ich auch nicht«, erklärt der Zahnarzt. »Das war das Echo!«

»Herr Ober! Holen Sie mal den Geschäftsführer! Dieser Hackbraten ist total olchig! Er ist ungenießbar!«

»Wieso den Geschäftsführer? Meinen Sie vielleicht, dass er diesen Mist essen will?«

Und wieder hat der Star-Meteorologe als Einziger Regen prophezeit. Wie immer hat er recht. Es gießt in Strömen.

»Herr Kollege, wie machen Sie das nur?«, wird er von einem anderen Wetterfritzen gefragt.

»Nichts einfacher als das«, sagt der Mann. »Ich brauche nur meinen Wagen zu waschen und eine Gartenparty zu geben. Schon regnet es.«

Frau Mistwitz schaut aus dem Zugfenster.
»So was von faul, diese Gleisarbeiter! Sooft wir an ihnen vorbeifahren, stehen sie da und halten sich an ihren Schaufeln fest. Arbeiten tut nie einer!«

»Ist deine Schwester durch die Schlammpackung wirklich schöner geworden?«

»Ja, zuerst schon. Aber dann ist das Zeug wieder abgebröckelt.«

WAS IST, WENN MAN EINEN LANGEN REGENWURM MIT EINEM IGEL KREUZT?

Man bekommt Stacheldraht.

UND WENN MAN EIN SCHWEIN MIT EINEM BRIEFKASTEN KREUZT?

Dann kriegt man ein Sparschwein.

»Himmel Herrgott Sackzement!«, flucht ein Holzhacker, nachdem ihm ein schwerer Ast auf den Fuß geknallt ist.
»Aber mein Sohn«, mahnt ihn der Pfarrer, der zufällig vorbeikommt und alles mit angehört hat. »Anstatt den lieben Gott zu lästern, könntest du nicht, wie alle anständigen Leute, einfach ›Scheiße‹ sagen?«

Ein eiliger Gast ruft ins Lokal: »Schnell ein Käsebrot, ich muss gleich weg!«
Sagt der Ober: »Da empfehle ich unser Salamibrot, das muss auch weg!«

»Hast du Klopapier gekauft?«

»Nein, brauch ich nie. Ich

bringe meine Hosen immer in

die Reinigung!«

»Der älteste Olchi ist Olchi-Opa. Er ist 985.«
»Toll!«
»Und in Persien lebt die älteste Frau der Welt.
Sie selbst hat ihr Alter mit 126 Jahren angegeben.«
»Donnerwetter, wie alt mag sie erst in Wirklichkeit sein!«

»Führt dein Olchi-Bruder Selbstgespräche,
wenn er allein ist?«

»Weiß ich doch nicht. Schleime-Schlamm und
Käsefuß, ich war noch nie dabei, wenn er allein war.«

Fragt der Urlauber, der eine Tageswanderung unternommen hatte: »Was gab es denn heute im Hotel zu essen? Wieder nur so olchige Sachen?«

»Ufos, nichts als Ufos.«

»Und was ist das?«

»Unidentifizierbare fleischähnliche Objekte.«

»Herr Ober! Sie können doch meine Bockwurst nicht mit dem Daumen festhalten!«

»Ich muss, mein Herr. Sonst fällt sie mir noch ein zweites Mal in den Dreck.«

»Das Pilzgericht schmeckt prima!
Wo hast du denn das Rezept her?«

»Aus einem Krimi!«

»Mama, was macht man mit
alten, verrosteten Autos,
die nicht mehr richtig fahren
können?«

»Man schenkt sie den Olchis.
Oder man verkauft sie als
günstige Gelegenheit an
deinen Vater!«

Drei Schildkröten haben mächtigen Durst und sind unterwegs zu einer Quelle. Sie gehen ein Jahr, zwei Jahre, drei Jahre ... endlich sind sie angekommen.

Gierig wollen sich die ersten beiden Schildkröten auf das Wasser stürzen, doch da merkt die dritte, dass sie ihre Trinkbecher vergessen haben.

»Ach, das ist doch egal!«, sagt die erste Schildkröte.

»Das geht doch auch so!«, meint die zweite Schildkröte.

»Nein, nein«, erklärt die dritte Schildkröte, »ohne Trinkbecher geht das gar nicht! Wo bleiben denn eure Manieren? Passt auf, ihr wartet hier und ich gehe zurück und hol uns drei Becher!«

Die beiden anderen setzen sich brav auf einen Stein und warten. Sie warten ein Jahr, zwei Jahre, drei Jahre ... Da hält es die erste Schildkröte nicht mehr aus und sagt zur zweiten: »Also, mir ist jetzt alles egal, ich will endlich etwas trinken!«

Sie geht zur Quelle, und gerade als sie einen Schluck nehmen will, kommt die dritte Schildkröte aus einem Busch und ruft: »Also, wenn ihr schummelt, dann geh ich gar nicht erst los ...«

Der Olchi-Drache Feuerstuhl und seine chinesische Drachen-
freundin Lauch Fang beobachten, wie ein Düsenjäger mit
einem langen Kondensstreifen über den Himmel zischt.

Sagt Lauch Fang: »Der hat es aber eilig.«

Meint Feuerstuhl: »Was würdest du denn
machen, wenn dir der Hintern brennt?«

»Wie kann man an einem Tag
so schrecklich viel olchigen
Mist bauen wie du?«

»Ich steh eben ganz früh auf
und geh möglichst spät zu Bett,
dann geht das schon.«

Drei Mädchen sitzen auf einer Alleebank
und unterhalten sich über ihre Brüder.

»Was möchte dein Bruder einmal werden?«

»Er ist Olchi-Fan und will zur Müllabfuhr.
Er meint, die arbeiten nur am Freitag.«

»Und mein Bruder will Weihnachtsmann werden.
Dann muss er nur einmal im Jahr etwas tun.«

»Und meiner will Lehrer werden. Er meint,
dann muss er überhaupt nichts tun.«

DAS OLCHI-MÄDCHEN LÄUFT IM KAUFHAUS
ZUM INFORMATIONSSTAND UND SAGT:
»WENN EINE AUFGEREGTE OLCHI-MAMA
KOMMT, DIE IHR KIND VERLOREN HAT,
DANN SAGEN SIE IHR, ICH BIN IN DER
MÜLLEIMER-ABTEILUNG.«

»Wird der Computer die Zeitung verdrängen?«

»Niemals!«

»Und warum nicht?«

»Kannst du mit einem Computer den Ofen anheizen? Oder eine Fliege erschlagen? Oder ein Schmalzbrot darin einwickeln?«

Der Polizist zückt sein Notizbuch.
»Wie heißt du?«
»Olchi-Kind.«
»Und dein Alter?«
»Olchi-Papa.«

»Na, Frau Kiesbauer, haben Sie die Blutegel-Kur gemacht?«, fragt der Doktor.

»Ja, aber ich hab sie weich gekocht. Roh hätte ich sie nicht runtergekriegt.«

»Herr Doktor, können Sie mir helfen?«

»Mal sehen... ich denke, ich verschreibe Ihnen mal ein paar Moorbäder.«

»Und die helfen mir?«

»Nein, aber Sie gewöhnen sich schon mal an feuchte Erde.«

»Olchi-Papa, du hast ja keine Luft in deinen Reifen!«

»Spotz-Teufel, das ist Absicht. Mir ist der Sattel zu hoch.«

»Wenn ich über die Wiese laufe, schaffe ich dann noch den Siebenuhrzug?«, fragt Franz den Bauern, der gerade die Kühe melkt. »Bestimmt«, sagt der, »und wenn dich mein Bulle sieht, schaffst du sogar noch den Sechsuhrzug.«

Ein dünnes und ein dickes Pferd treffen sich.
Sagt das Dicke: »Wenn man dich anguckt, könnte
man meinen, eine Hungersnot ist ausgebrochen!«
Darauf das Dünne: »Und wenn man dich anschaut,
könnte man meinen, du bist schuld daran!«

Der Doktor untersucht Olchi-Opa.
»Na, so was, Sie haben ja einen unverdauten
Reisewecker im Bauch!«
»Beim Krötenfurz, das weiß ich«, antwortet
Olchi-Opa. »Den hab ich vor 950 Jahren
verschluckt, als ich noch ein ganz kleiner
Olchi war.«
»Ach du lieber Himmel! Haben Sie da nie
Schwierigkeiten gehabt?«
»Eigentlich nicht. Nur manchmal beim
Aufziehen.«

Auf dem Spielplatz.
»Sag mal, Kleiner, wieso bewirfst du denn den
Jungen da drüben mit Steinen?«
»Kann nicht näher rangehen. Er hat Keuchhusten!«

Ein olchiger Stinkstiefel liegt in einer Pfütze und kichert vor sich hin. Kommt eine alte Badewanne vorbei und fragt den Stinkstiefel: »Magst du mit mir ein bisschen Matschknödel werfen?«

»Hab keine Lust«, sagt der Stinkstiefel. »Ich warte auf das rostige Ofenrohr. Das will mit mir um die Wette pupsen!«

EIN BÄR RENNT DURCH DEN WALD UND SCHREIT DAUERND: »KUGEL, KUGEL, KUGEL!«

FRAGT EIN ANDERER BÄR: »WARUM SCHREIST DU DENN DAUERND KUGEL?«

»ICH BIN EIN KUGEL-SCHREI-BÄR!«

»Beim krätzigen Käserich, meine Füße sind eingeschlafen«, stöhnt Olchi-Opa.
Olchi-Oma kichert. »So, wie sie riechen, hätte ich gedacht, sie sind schon seit Wochen tot!«

Fiete liegt mit Grippe im Bett und der Doktor untersucht ihn.
Fragt ihn Fiete: »Ich kann die Wahrheit vertragen. Wann bin ich
wieder gesund, wann muss ich wieder in die Schule?«

WILLI SAGT ZU SEINEM FREUND:
»MÜSST IHR ZU HAUSE AUCH VOR
DEM ESSEN BETEN?«
»NEIN, DAS BRAUCHEN WIR NICHT,
MEINE MUTTER KOCHT GUT.«

Die Olchis machen einen Spieleabend.
Sie spielen Matsch-ärgere-dich-nicht.
Auf einmal ruft das eine Olchi-Kind:
»Schach und versenkt!«
»Alter Stinkerich!«, ruft der Olchi-Papa.
»Bei Halma gibt es doch keinen Elfmeter!«
»Wieso denn nicht?«, meint Olchi-Mama.
»Spielen wir nicht Tennis?«
»Blödsinn!«, meint das andere Olchi-Kind.
»Sonst könnte ich doch nicht dauernd mei-
ne Mühle zumachen.«
»Beim Kröterich, du hättest es dir denken
können«, brummt Olchi-Oma. »Es hat ja
keiner einen Schläger dabei.«

Ein Mann geht in die Tierhandlung und kauft sich einen Eisbären. Der Verkäufer erklärt: »Er ist sehr zahm und kuschelig, aber sie dürfen ihm NIEMALS an die Nase fassen!«

Zu Hause läuft dann alles ganz prima. Doch eines Tages denkt der Mann: »Verflixt, ich halte es nicht mehr aus. Ich MUSS ihm einmal an die Nase fassen!«

Er tut es. Der Eisbär springt mit Gebrüll auf ihn los. Der Mann rennt weg, die Treppe rauf, die Treppe runter, um den Wohnzimmertisch herum, er saust durch die Küche, hinunter in den Keller – der Eisbär ist immer knapp hinter ihm. Schließlich ist der Mann völlig erschöpft. Der Eisbär haut ihm von hinten mit der Pranke auf die Schulter und sagt: »Jetzt bist du dran!«

WAS IST DER UNTERSCHIED ZWISCHEN GÄNSEBLÜMCHEN UND AUTOREIFEN?

AUTOREIFEN KANN MAN LÄNGER KAUEN!

Der Vater betritt einen Fernsehladen.
»Ist Schwarz eine Farbe?«, fragt er den Verkäufer.
»Ja. Eigentlich schon.«
»Und Weiß? Ist das auch eine Farbe?«
»Ja klar, warum nicht?«
»Sehr gut. Ich habe meinen Kindern nämlich einen Farbfernseher versprochen.«

Jammert Olchi-Opa:
»Mein rechtes Bein tut weh!«
Olchi-Oma beruhigt ihn:
»Mach dir keine Sorgen, das ist nur das Alter.«
»Krötiger Läusefurz«, brummt Olchi-Opa. »Das
andere ist genauso alt und es tut nicht weh!«

Die letzten Worte des Beifahrers:
»RECHTS IST FREI...«

Die Mutter fordert Peter auf: »Iss dein
Gemüse, es ist ganz frisch!«
Darauf antwortet Peter: »Nein, so etwas
esse ich nicht! Olchis mögen das auch
nicht!«
»Aber davon bekommst du vielleicht
endlich etwas Farbe im Gesicht«, sagt die
Mutter.
Darauf Peter: »Ich will aber keine bunten
Flecken kriegen...«

»Wie viele krötige Flöhe gehen in
einen Eimer?«, ruft Olchi-Opa.
»Keiner! Sie springen alle wieder raus!«

»Rostiger Käsefuß!«, ruft Olchi-Oma. »Wer
kennt den Unterschied zwischen einem Auto
und einer Rolle Klopapier?
Ein Auto muss man viel länger kauen, bevor
man es hinunterschluckt!«

Sagt das andere Olchi-Kind:
»Was ist der Unterschied zwischen
Brokkoli und Nasenpopel?
Nicht viele Kinder essen gerne Brokkoli!«

In der Schule gab es die Jahreszeugnisse.
Der kleine Nick kommt nach Hause und
sagt: »Papa, ich habe eine gute Nachricht
für dich!«
»Das ist schön. Erzähl mal!«
»Also, du brauchst für das kommende
Jahr keine neuen Schulbücher für mich
zu kaufen.«

Kichert das eine Olchi-Kind: »Was ist das
Gute daran, wenn dir ein Vogel auf den
Kopf macht?
Gut ist, dass Kühe nicht fliegen können!«

Zwei Zahnstocher gehen im Wald spazieren.
Plötzlich läuft ein Igel an ihnen vorbei. Sagt der
eine Zahnstocher zum anderen: »Sag mal,
wusstest du, dass hier ein Bus fährt?«

Unterhalten sich zwei Freunde:
»Was machst du, wenn mitten in der
Wüste eine giftige Schlange auf dich zu-
kommt?«
»Dann erschieße ich sie!«
»Und wenn du kein Gewehr hast?«
»Dann ersteche ich sie!«
»Und wenn du kein Messer hast?«
»Sag mal, zu wem hältst du eigentlich, zu
mir oder zu der Schlange?«

»Fliegenschiss und Olchi-Furz! Ich weiß noch einen viel lustigeren Witz!«, sagt das Olchi-Mädchen. »Hört gut zu:

Fritzchen fragt seine Mutter: ›Mama, darf ich ins Freibad? Heute wird der Einer geöffnet!‹
›Ja, klar, mein Schatz!‹ sagt die Mutter.
Abends kommt Fritzchen mit einem gebrochenen linken Arm nach Hause. Schon am nächsten Tag fragt Fritzchen wieder: ›Mama, darf ich ins Freibad? Heute wird der Dreier geöffnet!‹ Die Mutter sagte: ›Ja, klar, mein Schatz, geh nur!‹
Am Abend kommt Fritzchen mit einem gebrochenen rechten Arm zurück. Und am nächsten Tag fragt Fritzchen wieder: ›Mama, darf ich ins Freibad? Heute wird der Fünfer geöffnet!‹ Sagt die Mutter: ›Ja, klar, mein Schatz, geh nur, du musst doch nicht fragen!‹
Am Abend kommt Fritzchen mit zwei gebrochenen Beinen nach Hause und am nächsten Morgen ruft er gleich nach dem Frühstück: ›Mama, darf ich ins Freibad? Heute wird das Wasser eingelassen!‹«

»Findest du, dass die Schlamm-
Gesichtsmaske Olchi-Mama
hübscher macht?«

»Ja klar, solange sie
die Maske drauf hat.«

Der schlechteste Olchi-Witz der Welt:

Kommt ein kleiner Olchi zum Doktor und sagt:
»Herr Doktor ich hab gar keinen rechten Appetit!«
»Was haben Sie denn heute so gegessen?«, fragt der
Doktor.
»Nur einen Topf Ziegelsteingulasch mit Reißna-
gelsuppe, Glühbirnenkompott, Kabelsalat, einen
kleinen Stinkerkuchen mit Schlammpfützensößchen
und ein Stück Autoreifen...«
»Meine Güte, aber das ist doch schon eine ganze
Menge!«, meint der Doktor.
Da sagt der kleine Olchi... Äh... was sagt er gleich
wieder? Er sagt... beim pampigen Gräterich, jetzt
hab ich glatt vergessen, was er sagt...! Es war aber
sicher etwas sehr Lustiges!«

»Was kannst du auf deiner Gitarre spielen?«
»Alles.«
»Gut, dann spiel mal Trompete!«

Eine junge, schöne Frau betritt neben Olchi-Oma einen Lift.
Sie riecht nach teurem Parfüm.
»Armani, 100 €«, sagt sie lächelnd zu Olchi-Oma.
Eine andere elegante Frau steigt ein, duftet ebenfalls nach
Parfüm und erklärt: »Chanel Nr. 5, kostet 200 €.«
Nach zwei Stockwerken hat Olchi-Oma endlich ihr Ziel erreicht.
Bevor sie aussteigt, dreht sie sich zu ihren beiden Mitfahrerinnen
um und pupst.
»Eins-a-Stinkerbrühe, kostenlos!«

Sagt Hubert: »Jetzt weiß ich, wie wir
meinem Bruder das Nägelkauen ab-
gewöhnen können!«

»Und wie?«

»Wir warten so lange, bis er Opa ist. Und
dann verstecken wir ihm das Gebiss.«

»Wie spät ist es?«
»Halb!«
»Halb was? Halb drei, halb vier, halb fünf?«
»Halb – was weiß ich. Der kleine Zeiger von
meiner Uhr ist abgebrochen.«

212

Es taut. Olchi-Oma schaut aus der Höhle.
Olchi-Opa sitzt eingefroren draußen im
Lehnstuhl.
»Muffel-Furz-Teufel – wir haben im Herbst
vergessen, Opa hereinzuholen!«

Der Olchi-Junge kommt von der Schule nach Hause.
»Gibt's was Neues?«, fragt Olchi-Papa.
»Beim Käsefuß, ich hab eine Sechs und eine Fünf
gekriegt.«
»Ich hab dich gefragt, ob es etwas Neues gibt?«

»KANNST DU KLAVIER SPIELEN?«
»KEINE AHNUNG, HAB'S NOCH NIE PROBIERT!«

OLCHIGE FRAGEN

Was ist ein Chirurg?

EIN AUFSCHNEIDER.

WOBEI VERTIPPEN SICH SEKRETÄRINNEN
AM MEISTEN?   Beim Lotto.

Wer lebt von der Hand in den Mund?

Der Zahnarzt.

Was hat sechs Füße und singt?
Das Trio.

Wer hört alles und sagt nichts?
DAS OHR.

Warum hat der Mensch Ohren?
Damit er besser sehen kann – ohne Ohren würde
ihm immer der Hut über die Augen rutschen.

WAS IST FERTIG UND WIRD DOCH IMMER WIEDER GEMACHT?

Das Bett.

Wer hat die meisten Kinder im Dorf?

DER LEHRER.

WAS IST EIN MENSCH, DER IMMER ORDNUNG HÄLT?

Zu faul zum Suchen.

Welche Namen sind die besten?

Die Einnahmen.

WAS HAT EINEN EINGANG UND DREI AUSGÄNGE?

Der Pullover.

Was hat ein Berliner in sich?
Marmelade.

Der Olchi-Opa erzählt:

Vor dreihundert Jahren hab ich mal einen riesigen, fetten Matschknödel gemacht. Ich hab die schlammige Kugel den Berg hinunterrollen lassen und sie sauste genau auf unsere Olchi-Höhle zu, wie eine Dampfwalze. Olchi-Oma saß gerade in ihrer rostigen Badewanne und nahm ein kleines Müllbad, so wie jeden Mittag. Sie hatte damals gerade ein herrliches Grätengulasch mit Schlammsößchen gekocht, oder waren es Glasscherbenschnitzel? Bei meinem Stinkersocken, ich bin mir jetzt nicht sicher, was wir damals gegessen haben. Auf jeden Fall war das Essen sehr krötig gewesen, und wir haben gerülpst und gepupst, was das Zeug hielt. Und nun, äh, was wollte ich gerade noch erzählen? Knochenfraß und Käserich, da wird doch der Strumpf in der Pfanne verrückt, hab ich es doch glatt vergessen. Egal, der Witz wäre sowieso nur Quatsch gewesen ...«

Besuch bei Tante Trude.

»Na, was möchtest du essen?«, fragt die Tante.

»Magst Du ein paar Kekse?«

»Mach dir keine Umstände, Tante«, meint der Junge. »Krötiges Wurstbrot, pampiger Pudding, grätige Spiegeleier und ein Stück Schmuddel-Torte genügen mir vollkommen!«

»Ich geh nie wieder zu Oma und Opa!«

»Warum denn?«

»Die sitzen den ganzen Tag in der Wohnung herum und haben nichts an!«

»Aber was soll denn das heißen, die haben nichts an? Das kann doch nicht sein!«

»Doch. Die haben gar nichts an. Kein Radio, keinen Fernseher und keinen DVD-Player – eben gar nichts!«

»HERR OBER, WAS KÖNNEN SIE EMPFEHLEN?«

»ALSO, SAGEN WIR MAL, AM WENIGSTEN WURDE HEUTE ÜBER DEN KRÖTIGEN SAUERBRATEN GEMECKERT.«

Die kleine Moni kommt nach Hause. Ihre Mutter streichelt ihr zur Begrüßung übers Haar und fragt: »Wovon bist du denn so nass?«
Die kleine Moni:
»Peter, Franz, Susi und ich haben Hund gespielt.«
Mutter: »Aber davon wird man doch nicht so nass!«
»Doch, doch«, sagt die kleine Moni, »ich war der Baum.«

Der kleine Lars geht mit seiner Oma das erste Mal in den Zoo. Da sieht er einen Pfau, der ein Rad schlägt. Ganz aufgeregt sagt er zu seiner Oma: »Oma, schau! Ein Huhn, das blüht!«

Treffen sich zwei Mäuse und plaudern. Auf einmal fliegt eine Fledermaus vorbei. Da sagt die eine Maus zur andern: »Wenn ich groß bin, werd ich auch Pilot!«

Olchi-Oma ist heute der Babysitter für das
Olchi-Baby. Das Baby will nicht einschlafen, und
Olchi-Oma beginnt leise zu singen: »La la la,
Schlicke Schlacke Schleime-Schlamm. Hulle hulle
wulle, eidi eidi, heia heia heia…«
Erschrocken setzt sich das Baby auf: »Oma, sag,
bist du betrunken?«

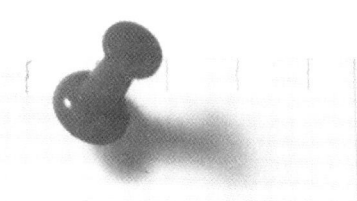

»Mami, mein Bruder hat meine schöne alte Puppe kaputt gemacht!«, heult das Olchi-Mädchen.

»Wie hat er denn das angestellt?«

»Ich hab ihm damit auf den Kopf gehauen!«

»Wo warst du den ganzen Tag?«

»Ich habe Tante Gertrude besucht.«

»Du liebe Zeit! Hat sie dich denn überhaupt gebrauchen können?«

»Und ob! Sie hat gesagt, ich habe ihr gerade noch gefehlt!«

Olchi-Oma kommt zum Bäcker und sagt: »Ich hätte gern neunundneunzig Stinkerkuchen.«
Sagt der Bäcker: »Warum nehmen Sie denn nicht gleich hundert?«
Antwortet Olchi-Oma: »Muffel-Furz-Teufel, wer soll denn die alle essen?«

Die Olchi-Oma kommt vom Friseur nach Hause.
»Richtig toll, wie du jetzt aussiehst, Omi-lein. Gar nicht mehr wie eine alte Frau!«
»Oh, das freut mich aber, dass du das sagst«, sagt die Olchi-Oma.
»Ja, jetzt siehst du aus wie ein alter Mann.«

»Bravo!«, sagt der Quizmaster.
»Mit dieser Antwort haben Sie eine wunderschöne Reise in den australischen Busch gewonnen. Und wenn Sie jetzt noch die zweite Frage richtig beantworten können, dann gewinnen Sie auch die Rückreise!«

Die müffelnden Olchis fahren im Zug
nach Buxtehude. Immer wieder singen sie
ihr Olchi-Lied, und sie rülpsen und pupsen,
dass es eine Freude ist.

Schon zum fünften Mal fragt Olchi-
Papa einen Herrn im Abteil:
»Wann sind wir endlich in Buxtehude?«

Sagt der Mann: »Da brauchen Sie nicht immer
zu fragen. Das merken Sie rechtzeitig am
Aufatmen der anderen Fahrgäste.«

»WAS SCHENKST DU DEINER SCHWESTER
ZUM GEBURTSTAG?«

»EINE NAGELNEUE FÜLLUNG FÜR IHRE
CAMPING-LUFTMATRATZE.«

»So etwas Schmutziges wie deine Hände habe ich
noch nie gesehen!«
»Dann müssen Sie erst mal meine Füße sehen!«

In der ersten Klasse erklärt der Lehrer, dass es nicht schön
ist, wenn man sich selber lobt. Daher kommt das Sprichwort:
Eigenlob stinkt.
Plötzlich ruft Johannes: »Die Olchis loben sich!«

»MAMI, DAUERT ES NOCH LANGE
BIS WEIHNACHTEN?«

»WARUM FRAGST DU?«

»SAG MIR, WENN ES SO WEIT IST. DAMIT ICH
RECHTZEITIG ANFANGE, BRAV ZU SEIN.«

»Ich bin total verrückt nach Fahrradöl! Hast du das schon gemerkt?«, fragt das eine Olchi-Kind.

»Ja, schon. Aber ich habe nicht gewusst, dass das vom Fahrrad-öl kommt«, kichert das andere Olchi-Kind.

KOMMT DAS OLCHI-MÄDCHEN INS KLASSENZIMMER.

»ENTSCHULDIGUNG, HERR LEHRER. ICH HABE VERSCHLAFEN.«

»WAS? ZU HAUSE SCHLÄFST DU AUCH NOCH?«

OLCHI-MAMA: »WAS IST DER UNTERSCHIED
ZWISCHEN EINEM AUTOREIFEN UND EINER
TAFEL SCHOKOLADE?
DER AUTOREIFEN SCHMECKT BESSER!«

»Wenn das so weitergeht«, sagt der Lehrer, »dann wird dein Vater noch graue Haare bekommen.«

»Da wird er sich aber freuen«, sagt der kleine Benni, »er hat nämlich eine Glatze!«

»WARUM MUSST DU IMMER EINE ANDERE MEINUNG HABEN ALS DEIN BRUDER?«
»WEIL... SONST HÄTTEN WIR IMMER BEIDE UNRECHT«, SAGT DAS OLCHI-MÄDCHEN.

Heute gibt es Zeugnisse. Daheim sitzen die Olchis gespannt am alten Küchentisch und warten auf die Olchi-Kinder. Endlich kommen sie.

»Bleibt sitzen«, sagt das eine Olchi-Kind. »Wir tun es auch!«

»Was ist dein Vater?«
»Erkältet.«
»Ich meine: Was tut er?«
»Er hustet und niest.«
»Nein, ich meine, wovon lebt er?«
»Zurzeit von Haferschleimsuppe und Pfefferminztee.«

»Das ist ja unglaublich! Zwanzig Rechtschreibfehler in einem Aufsatz!«, ruft der Vater.

»Das liegt bloß an unserem Lehrer. Der sucht ja geradezu danach.«

»Mami, ich kann heute nicht in
die Schule. Ich fühle mich nicht wohl.«
»Und wo fühlst du dich nicht wohl?«
»In der Schule.«

»Wie war's in den Ferien?«
»Ging so. Alle zwei Stunden haben
wir uns eingeölt.«
»Wegen des Sonnenbrandes?«
»Nö. Damit das Regenwasser
besser abläuft.«

Theo, mit dem man alles machen kann, kommt heim.
»Du siehst so schrecklich blass aus!«, wundert sich seine Mama.
»Was habt ihr gespielt?«
»Indianer.«
»Warst du wieder am Marterpfahl?«
»Nein. Ich musste die Friedenspfeife rauchen.«

Der Opa sagt zum Enkel: »Du darfst dir ganz viele Bücher zum Geburtstag wünschen!« Enkel: »Oh ja, Opi, dann hätte ich gern dein Sparbuch und das von Mama und das von Papa!«

ZWEI ALTE HERREN TREFFEN SICH
ZUM KARTENSPIELEN AN EINEM
KALTEN WINTERABEND.

DER EINE SAGT:
»FEUER MAL BITTE DEN OFEN AN!«

DER ANDERE:
»O-FEN! O-FEN! O-FEN! O-FEN!«

Eine ältere Dame geht ins Schuhgeschäft. Sie probiert ein bisschen und sagt zur Schuhverkäuferin: »Also, diese Schuhe passen mir fabelhaft!« Die Verkäuferin flüstert ihr leise zu: »Entschuldigen Sie, aber Sie haben die Schuhschachteln an!«

Das Olchi-Mädchen spielt mit ihren
Freundinnen Autobahn. Der Olchi-Junge
möchte auch mitspielen.

»Also gut«, sagt das Olchi-Mädchen.
»Du darfst einen parkenden Fernlaster machen.
Du stellst dich einfach hier in die Ecke und stinkst.«

Klein-Erna ist zum ersten Mal auf dem Land. Sie sieht, wie ihre Tante einem Hühnchen die Federn rupft.

Da meint Erna: »Tante, ziehst du die Hühner jeden Abend aus?«

Der kleine Dummhauser fragt: »Mama, was gibt es heute zum Essen?«
Mama: »Erdbeeren mit Mist.«
Der Kleine: »Igitt, igitt, Erdbeeren!«

Die Katze klettert auf den Schoß
der kleinen Susi. Die streichelt sie.
Die Katze beginnt zu schnurren.
Erschrocken ruft Susi: »Mami, wo stellt
man den Motor ab?«

Klein-Erna geht zu ihrer Oma: »Oma, ich kann schreiben, aber nicht lesen.« Oma: »Toll! Was kannst du denn schreiben?« Erna: »Aber Oma, ich kann doch nicht lesen!«

In der Schule müssen die Kinder einen Aufsatz
schreiben. Das Thema lautet: Unser Pony.
Susi schreibt: »Unser Pony: Wir haben keins.«

KLEIN-ERNA SAGT ZU IHRER TANTE:
»WIESO HAST DU NOCH IMMER KEIN KIND?«
DIE TANTE ANTWORTET: »DER STORCH
WILL MIR EINFACH KEINES BRINGEN!«
DARAUF KLEIN-ERNA: »JA, WENN DU NOCH
AN DIE GESCHICHTE MIT DEM STORCH
GLAUBST, IST MIR ALLES KLAR…«

Max muss hundertmal an die Tafel schreiben: »Ich darf den Lehrer nicht duzen.« Brav
schreibt er es zweihundertmal.
Daraufhin fragt ihn der Lehrer erstaunt:
»Warum hast du es denn hundertmal mehr
geschrieben?« Max: »Weil ich dir eine Freude
machen wollte!«

VEGETARISCHE FAMILIE.
RUFT DIE MUTTER: »KINDER,
KOMMT ZU TISCH! DAS ESSEN
WIRD SONST WELK!«

»Petra, möchtest du lieber ein Brüderchen oder ein Schwesterchen?« »Och, wenn es nicht zu schwer für dich ist, Mutti, möchte ich am liebsten ein Pony.«

Gehen zwei Eisbären durch die Wüste.
Sagt der eine:»Die müssen ja hier einen harten Winter gehabt haben.»
»Wieso das denn?«,fragt der andere.
»Na hier ist doch überall gestreut.«

»Mutti, was wird aus einem Olchi,
wenn er einmal gestorben ist?«
»Dann zerfällt er zu Staub.«
»Aha. Dann ist unter meinem Bett eine
Olchi-Fußballmannschaft gestorben.«

Muffel-Furz-Teufel! Einmal sagt die Olchi-Mama zu dem einen
Olchi-Kind: »In deiner Hosentasche hab ich einen lebenden
Frosch gefunden!«
Ruft das Olchi-Kind erstaunt: »Sag bloß, die Würmer und Schne-
cken waren nicht mehr drin?!«

Sagt Olchi-Papa im Wald zu Olchi-Mama:
»Schau, da ist ein Ameisenhaufen!«
»Toll!«, ruft Olchi-Mama erstaunt. »Ein so
kleines Tier macht einen so großen Haufen!«

Papa vor der Glotze.
»Papa, du hörst mir ja gar nicht zu!«
»Klar hör ich dir zu.«
»Bestimmt nicht!«
»Doch!«
»Nein! Sonst hättest du schon längst
losgebrüllt.«

PRAHLT DER COWBOY: »ICH BRAUCHE VIER
TAGE, UM MIT MEINEM PFERD EINMAL UM
MEINE RANCH ZU REITEN.«
SAGT EIN ANDERER COWBOY: »JA, JA, ICH
HATTE AUCH MAL SO EINEN LAHMEN GAUL.«

Die Mutter fragt Klein-Erna: »Hast du
das ABC schon geübt?« Darauf meint
die Kleine: »Bin dran, ich esse doch
gerade meine Buchstabensuppe!«

Die Großmutter singt ihrem Enkel Schlaflieder
vor. Nach einer Weile sagt der Enkel: »Oma,
kannst du bitte draußen weitersingen? Ich würde
gerne schlafen.«

Familie Huber fährt eine Landstraße entlang. Sie kommen an einem Bauernhof vorbei. Plötzlich springt ihnen ein Huhn vors Auto. Frau Huber kann nicht mehr bremsen und überfährt das Huhn. Sie geht zu dem Bauern und nimmt das Huhn mit. »Entschuldigung. Ich habe eines von Ihren Hühnern überfahren.« Darauf antwortet der Bauer: »Nee, das ist nicht meins. So platte Hühner haben wir gar nicht.«

»Mama, ich geh nach draußen und gieß die Blumen!«
»Aber Schatz, es regnet doch!«
»Dann nehme ich einen Regenschirm mit!«

»SCHAU HER, JETZT HAB ICH SCHON WIEDER EIN GRAUES HAAR GEKRIEGT. DAS KOMMT NUR, WEIL DU IMMER SO FRECH ZU MIR BIST«, SAGT DIE MUTTER. »AHA«, MEINT DIE TOCHTER, »WENN ICH DA DIE OMA ANSCHAUE, WIE FRECH MUSST DU ERST GEWESEN SEIN!«

»Musste das wirklich sein, dass mein armer Sohn durchfällt?«, fragt der geplagte Olchi-Papa den Lehrer.
»Mit dem, was Ihr Sohn nicht weiß, hätte eine ganze Klasse sitzen bleiben können«, seufzt der Lehrer.

In der Schule üben sie Grammatik.
»Ich komme nicht, du kommst nicht, er sie es kommt nicht, ihr kommt nicht, sie kommen nicht...«, erklärt die Lehrerin. »Willi, sag das mal nach!«
Willi steht auf und sagt: »Kein Schwein kommt!«

»Welchen Satz hört man in der Schule am häufigsten?«

»Weiß ich nicht.«

»Sehr richtig!«

Neulich in Schmuddelfing.
»Nimm die Hände aus der Tasche, wenn du mich grüßt!«, sagt der Lehrer.

»Ich habe Sie ja gar nicht gegrüßt«, meint der Olchi-Junge.

Olchi-Papa wundert sich: »Jetzt hast du die Prüfung wieder nicht bestanden, und das zum dritten Mal!«

»Was soll ich denn machen, wenn die immer den gleichen Blödsinn fragen!«, verteidigt sich der Olchi-Junge.

»Wer ist der Klügste in eurer Klasse?«

»Keiner. Der Lehrer sagt, bei uns ist einer dümmer als der andere.«

»ICH WÄRE IN ENGLISCH GAR NICHT SO SCHLECHT«, ERKLÄRT DAS OLCHI-MÄDCHEN, »WENN DA NICHT SO VIELE FREMDWÖRTER VORKOMMEN WÜRDEN!«

Die Olchi-Kinder sitzen auf dem Müllberg und schauen in den Sternenhimmel.

»Glaubst du, dass es auf anderen Sternen
auch Olchis und Menschen gibt?«, fragt
das eine Olchi-Kind.

»Na klar. Sonst wären die Dinger da oben
doch nicht jede Nacht beleuchtet!«, sagt
das andere Olchi-Kind.

Herr Meier fährt aufs Land. Aus Versehen überfährt er den Hahn eines Bauern. Er sagt zum Bauern: »Entschuldigen Sie, natürlich werde ich den Hahn ersetzen!« Antwortet der Bauer: »Gut, dann sehe ich Sie ab jetzt jeden Morgen um 5 Uhr auf dem Mist!«

Die kleine Susi geht wie jeden Morgen in die Schule. Da kommt die Postbotin vorbei und fragt sie: »Na, kannst du denn schon das ABC?« Darauf Susi: »Natürlich, sogar schon bis hundert!«

DIE KLEINE SUSI WAR FRECH UND WIRD ZUR STRAFE VON IHRER MUTTER IN DEN HÜHNERSTALL GESPERRT. »EINS SAG ICH DIR«, BRÜLLT SUSI WÜTEND, »EIER LEG ICH TROTZDEM NICHT!«

Fritz erklärt seinem Vater: »Papa, wenn ich groß bin, werde ich Oma heiraten!« Der Vater ist empört: »Ja, aber das geht doch nicht! Du kannst doch nicht einfach meine Mutter heiraten!« »Warum denn nicht? Du hast doch auch meine Mutter geheiratet!«

Zwei Fischkinder spielen im Meer. Da kommt ein Seestern vorbei. Sagt das eine Fischchen: »Achtung, der Sheriff!«

Die Oma fragt ihren kleinen Enkel: »Weißt du, womit der Prinz Dornröschen geweckt hat? Ich gebe dir einen Tipp: Dasselbe bekommst du auch jeden Tag von deiner Mami.« Da ruft der Enkel: »Mit einer Multivitamintablette!«

Eine ältere Dame fragt ein kleines Kind: »Kannst du mich mal über die Straße bringen?« Das Kind antwortet: »Ja, aber wir müssen warten, die Ampel zeigt noch Rot.« Da sagt die Frau: »Ja, bei Grün kann ich auch alleine gehen!«

Tante Else ist zu Besuch. Als sie wieder gehen will, wird Susi von ihr gebeten, sie doch noch zur Bushaltestelle zu begleiten. Susi meint: »Nein, das geht nicht. Mama hat gesagt, wenn die Tante Else weg ist, schneiden wir den Apfelkuchen an.«

TREFFEN SICH ZWEI BETAGTE HOLZWÜRMER IM KÄSE. SEUFZT DER EINE: »AUCH PROBLEME MIT DEN ZÄHNEN?«

Susi geht mit ihrem Dackel Waldi Gassi. Eine alte Dame steht am Bordsteinrand. Als Susi mit Waldi an ihr vorbeigeht, schnauzt die fremde Dame: »Nimm bloß den Köter da weg! Ich merke schon, wie mir ein Floh das Bein hochkrabbelt!« »Komm da weg Waldi«, sagt Susi, »die Dame hat Flöhe!«

Anna fragt seine Oma: »Was gibt
es denn heute zu essen?«
Die Oma antwortet darauf:
»Es gibt heute Fleisch mit Schnecken!«
Anna sagt: »Ihhh, Fleisch!«

»MAMA, WIE SCHREIBT MAN ÜHSAM?«
»DU MEINST WOHL MÜHSAM?«
»NEIN! DAS ‚M' KONNTE ICH SCHON
SELBER SCHREIBEN.«

EINE ÄLTERE DAME MACHT IHRE ERSTE
SEEREISE. DA KOMMT DER KAPITÄN UND
FRAGT, OB IHR DIE KAJÜTE GEFÄLLT.
SAGT SIE BEGEISTERT: »JA, DAS ZIMMER
IST TOLL, IN DEN WANDSCHRANK MIT DER
RUNDEN TÜR PASST SO VIEL REIN!«

Fritzchens Opa schläft auf dem Sofa und schnarcht. Fritzchen
dreht an den Knöpfen von seinem Hemd. Seine Mutter ermahnt
ihn: »Fritzchen, lass Opa doch schlafen.« Da antwortet Fritzchen:
»Will ich ja, ich will ihn ja nur leiserstellen.«

Was ist grau und leuchtet?
Ein elektrischer Elefant.

Das Punker-Girl fragt die Verkäuferin
im Kaufhaus: »Kann ich die Klamotten
umtauschen, wenn sie meinen Eltern
gefallen sollten?«

Der Enkel besucht seine Oma, er ist traurig und weint.
Da fragt die Oma: »Was ist denn los, warum weinst du
denn?« Darauf der Enkel: »Mein Hund Schnotti
ist weggelaufen.« Die Oma meint: »Dann setzen wir
eine Suchanzeige in die Zeitung!« Der Enkel antwortet
schluchzend: »Aber Oma, Schnotti kann doch gar
nicht lesen!«

Der Sohn fragt seinen Vater: »Vati,
haben Brombeeren Beine?«

»Nein!«

»Auwei, dann habe ich gerade
einen Mistkäfer gegessen!«

IN DER SCHULE.
»BIS MORGEN BESCHREIBT IHR EINMAL
AUSFÜHRLICH EUER KINDERZIMMER!« DIESE
AUFGABE GIBT DER LEHRER SEINER KLASSE
BEI SCHULSCHLUSS. DA MELDET SICH SUSI
UND SAGT: »DAS BESCHREIBEN DER TAPETE
HABEN MEINE ELTERN ABER VERBOTEN.«

Der Olchi-Junge hat das Olchi-Baby
zu sich aufs Fahrrad gesetzt und rast
wie ein Wilder durch die Gegend.
Da kommt die alte Dame, die sich
immer einmischt, hält den Olchi-
Jungen an und sagt: »Das kannst du
doch nicht machen, Junge, hörst du
denn nicht? Das Baby brüllt ja wie
am Spieß!«
»Drum hab ich es ja mitgenommen«,
sagt der Olchi-Junge. »Meine Fahrradklingel ist nämlich kaputt.«

Ein Dino-Kind fragt seine Mutter: »Komm
ich in den Himmel, wenn ich tot bin?«

»Nein, mein Schatz, ins Museum.«

Die kleine Fliege fragt die große Fliege:
»Mama, sind wir berühmt?« »Eigentlich nicht.
Wieso denn?«, hakt die große Fliege nach. Da
antwortet die kleine: »Na, weil die Leute immer klatschen, wenn sie uns sehen!«

Der kleine Fisch weinend zu seinem Vater:
»Du, Papa, niemand spielt mit mir, nur weil ich Schuppen habe!«

EIN ZWEITKLÄSSLER KOMMT AUS DER
SCHULE NACH HAUSE. SEIN VATER
FRAGT IHN: »WIE IST DEIN ZEUGNIS?«
DER ZWEITKLÄSSLER DARAUF: »GUT!
MEIN VERTRAG FÜR DIE ZWEITE KLASSE
WURDE VERLÄNGERT.«

Mutter Schnecke sagt zu ihrem Kind:
»Geh, und kauf Joghurt ein!«
Das Schneckenkind kriecht los. Sechs
Stunden verstreichen. Da kommt das
Schneckenkind wieder und fragt:
»Mit Früchten oder ohne?«

Eines Tages kommt Lise nach Hause
und sagt zu ihrer Mutter: »Mama, ich
habe eine schlechte und eine gute Nachricht.«
»Erst die gute, bitte!«
»Ich habe in Mathe eine Eins bekommen!«
»Und die schlechte Nachricht?«
»Das war ein Scherz!«

OLCHIGE FRAGEN 4

Was wird aus Anna, wenn sie badet?
Annanas.

WELCHES TAL GEFÄLLT
DEN MEISTEN MENSCHEN
AM BESTEN? Das Kapital.

Wozu raucht man Zigarren?
Zu Asche.

WELCHE ZÄHNE
BEKOMMT MAN ZULETZT?
DIE FALSCHEN.

Bei welchem Kuss sind die meisten
Menschen dabei?
Beim Zirkus.

WELCHER MANN HAT KEIN GEHÖR?
Der Schneemann.

Wie viele Buchstaben hat das ABC?
Drei.

Welches Brot kann man nicht
zum Frühstück essen?
Das Abendbrot.

WELCHE LIEDER SIND NICHT
KOMPONIERT WORDEN?
Die Augenlider.

WO KOMMT DIE EHE VOR VERLOBUNG
UND TRAUUNG?   Im Duden.

Ein Babyfischchen wendet sich verzweifelt
an seine Mutter und blubbert:
»Mami, Mami, ich habe solchen Durst!«
»Dann mach doch deinen Mund auf!«

Fritzchen geht mit seiner Oma spazieren. Auf dem Weg findet Fritzchen einen 20-€-Schein, erfreut fragt er seine Oma: »Darf ich den aufheben?« Die Oma antwortet: »Nein, alles, was auf dem Boden liegt, hebt man nicht auf!« Sie gehen weiter, wieder findet Fritzchen Geld, einen 50-€-Schein. Er fragt: »Darf ich den aufheben?« Seine Oma antwortet wieder: »Nein, alles, was auf dem Boden liegt, hebt man nicht auf.« Kurz danach rutscht die Oma auf einer Bananenschale aus, sie fragt ihren Enkel: »Hilfst du mir hoch?« Fritzchen: »Nein, alles, was auf dem Boden liegt, hebt man nicht auf.«

DER SOHN ZU SEINEN ELTERN:
»WENN IHR MEINER SCHWESTER
EINE FLÖTE KAUFT, DANN WILL ICH
INLINESKATES HABEN.«
»WARUM DENN DAS?«, FRAGEN IHN
SEINE ELTERN ERSTAUNT.
»DAMIT ICH WEGFAHREN KANN,
WENN SIE ÜBT!«

Eine junge Mücke berichtet ihrer
Mutter: »Mami, ich habe meinen
ersten Flug gemacht.«
»Gut, wie ging's?«
»Prima, als ich über den Tisch flog,
klaschten alle in die Hände!«

Klein-Erna schluchzt: »Mami, ich möchte die
Schildkröte so gerne streicheln, aber ich
kriege den Deckel nicht auf!«

Das Olchi-Kind führt Olchi-Oma im Regen
spazieren. An jeder Pfütze sagt es: »Oma, hüpf!«
Immer wieder hüpft Olchi-Oma. Ein Polizist kommt
vorbei und wundert sich: »Weshalb muss denn
deine arme Oma hüpfen, auch wenn gar keine
Pfützen da sind?«

»Beim Käsefuß, das geht dich gar nichts an«,
ruft das Olchi-Kind. »Das ist meine Oma, und ich
kann sie hüpfen lassen, so lange ich will.«

Die kleine Susi betet: »Lieber Gott,
mach doch endlich, dass die guten
Vitamine nicht mehr im Spinat,
sondern im Nachtisch sind.«

Kommt ein Kind nach Hause und erzählt seinem
Vater begeistert: »Papi, heute haben wir in der
Schule Fußball gespielt und ich habe zwei Tore
geschossen.« Der Vater sagt: »Großartig, und wie ist
das Spiel ausgegangen?« Sein Sohn antwortet: »1:1.«

Der Sohn fragt seinen Vater: »Papa, wenn jemand Obst
klaut und einen Saft daraus presst… wird er dann als
Dieb oder als Erpresser bestraft?«

SUSI GEHT MIT IHREM KLEINEN BRUDER IM
WALD SPAZIEREN. DER ENTDECKT EINE
RINGELNATTER UND RUFT: »SCHAU MAL!
DORT WEDELT EIN SCHWANZ OHNE HUND!«

Zahnarzt zum Kind: »Und was für eine Füllung soll ich nehmen?«
Kind: »Am besten Schokoladenfüllung!«

Das kleine Olchi-Kind fragt den Olchi-Opa: »Muffel-Furz-Teufel, Opi, wenn du schläfst, machen deine Füße dann auch ihre Hühneraugen zu?«

Susi geht zum Reitunterricht. Sie soll antraben. Sie rutscht hinter den Sattel. Dann soll sie angaloppieren. Sie hängt nur noch am Schweif. Suchend schreit sie ihrem Reitlehrer zu: »Hiilfeee, hiilfeee, ich brauche ein neues Pferd, dieses ist schon zu Ende!«

»Ich will später mal Astronaut werden und zur Sonne fliegen!«

»Das wird ganz schön heiß!«

»Keine Sorge, ich fliege nur nachts.«

»Du bist doch kein Olchi, Du kannst doch die Leute nicht einfach mit Dreckwasser bespritzen!«, sagt der empörte Vater zu seinem Sohn. Darauf der Sohn: »Muss ich da warten, bis ich ein Auto habe?«

Berichtet die Oma ihrer Enkelin: »Ich habe jetzt eine Möglichkeit gefunden, wie der Opa nicht mehr an seinen Fingernägeln kaut.« »Und welche?«, fragt die Enkelin. »Ich habe seine Zähne versteckt.«

Die Mutter fragt:
»Klein-Erna, warum legst du deinen Teddybären denn in den Kühlschrank?«

Die antwortet:
»Weil ich einen Eisbären haben will.«

DER KLEINE JUNGE VERBRENNT SICH DIE HAND. SEINE MUTTER TRÖSTET IHN: »DER LIEBE GOTT WIRD ES SCHON HEILEN.« DARAUF DER JUNGE: »MUSS ICH DAZU HOCH ODER KOMMT ER RUNTER?«

»Mama, kann ich bitte einen Euro haben für den armen Mann, der da hinten so schreit?«

»Meinetwegen. Was schreit er denn?«

»Erdbeer-, Vanille-, Schokoeis: Einen Euro!«

Zwei Brüder übernachten bei ihrer Oma. Abends im Bett vor dem Einschlafen beten sie noch, während die Oma im Wohnzimmer strickt. Sagt der Größere: »Ich wünsche mir ein Skateboard.« Schreit der Kleinere: »Lieber Gott, ich wünsche mir Schlittschuhe und ein neues Fahrrad.« Sagt der Größere: »Warum schreist du denn so, der liebe Gott ist doch nicht schwerhörig.« Meint der Kleinere: »Der liebe Gott nicht, aber Oma.«

Gehen zwei Zahnstocher im Wald spazieren. Plötzlich läuft ein Igel an ihnen vorbei. Da sagt der eine Zahnstocher zum anderen: »Sag mal, wusstest du, dass hier ein Bus fährt?«

»STIMMT ES, DASS LEHRER BEZAHLT WERDEN, PAPA?«

»JA, DAS STIMMT.«

»DAS IST ABER UNGERECHT: WIR MÜSSEN ARBEITEN UND DIE BEKOMMEN DAS GELD DAFÜR!«

Der Sohn zum Vater beim Frühstück: »Alter, schieb mal die Marmelade rüber!« Sagt der Vater streng: »Wie heißt das?« Sohn: »Okay! Kon-fi-tü-re!«

Im Bus sitzt ein Junge, dem die Nase fürchterlich tropft. Eine Zeit lang schaut sich das die feine Dame gegenüber an, schließlich fragt sie: »Sag mal, du Olchi, hast du kein Taschentuch?« »Doch«, sagt der Junge, »aber ich verleihe es nicht!«

Willi ruft seine Tante Trude an.
»Du, Tante, ich muss mich noch für dein Geburtstagsgeschenk bedanken!«
»Aber Junge, das ist doch gar nicht der Rede wert!«
»Das hab ich auch gesagt. Aber Mama meint, ich soll mich trotzdem bedanken.«

Das Olchi-Baby hat einen langen, rostigen Nagel verschluckt. Er ist in seinem Hals stecken geblieben und das Baby brüllt aus Leibeskräften. Die ganze Olchi-Familie ist sehr aufgeregt. Nur Olchi-Papa bleibt cool. »Schleime-Schlamm und Käsefuß«, sagt er. »Jetzt macht doch keinen solchen Stress wegen so einem Nagel. Wir finden bestimmt bald einen neuen ...«

»DU, OPA, ICH HABE EINEN HOLZSPLITTER IM FINGER!«

»HAST DU DICH AM KOPF GEKRATZT?«

»Unser Olchi-Baby brüllt pausenlos!«

»Und warum brüllt es?«

»Weil es Zähne kriegt.«

»Wieso? Will es denn keine?«

»Du, sag mal, ist dein Bruder immer so still?«
»Nein. Du solltest ihn mal essen hören!«

»Wer brüllt denn da so?«

»Das sind mein Papa und mein Opa.«

»Was haben sie denn?«

»Sie machen gerade meine Matheaufgaben!«

Es klingelt.
»Papi, da ist ein Mann, der sammelt für das neue Hallenbad!«
»In Ordnung. Gib ihm ein paar Eimer Wasser!«

EINBRECHER ZUM BEISPIEL ARBEITEN NUR, WENN DIE LUFT REIN IST.

SO HABEN ABGASE AUCH IHR GUTES!

»Bist du in die Pfütze gefallen?«, ruft die Mama.
»Du siehst ja schlimmer aus als ein Olchi!«
»Ich weiß…«, sagt Robin.
»Und das mit deiner schönen neuen Hose!«,
jammert Mama.
»Es ging so schnell«, erklärt Robin. »Ich hatte
keine Zeit, sie vorher auszuziehen!«

Lisa hat einen kaputten Zahn und muss heute zum Zahnarzt.
»Putz dir bitte noch schnell die Zähne«, sagt die Mama.
Sagt Lisa: »Muss ich den Zahn, der gleich gezogen wird,
auch putzen?«

»HEUTE WIRD BESTIMMT KEINER ÜBER MEIN
ESSEN MECKERN«, SAGT OLCHI-MAMA.
»DAS WERDEN WIR JA SEHEN«, RUFEN DIE
OLCHIS.
»WIESO DENN NICHT?«, FRAGT OLCHI-OPA.
OLCHI-MAMA KICHERT. »ICH HABE HEUTE
ÜBERHAUPT NICHTS GEKOCHT!«

»Mama, ich will Schlammkuchen haben!«
»Wie heißt das?«
»Mama, ich möchte Schlammkuchen haben!«
»Also, das darf doch nicht wahr sein! Wie heißt das?«
»Mama, ich möchte bitte Schlammkuchen haben.«
»So. Und jetzt sagst du es noch mal ganz richtig.«
»Liebes Mamilein, könnte ich bitte etwas von dem
Schlammkuchen haben?«
»Ja, so war's recht.«
»Und? Krieg ich jetzt ein Stück?«
»Nein. Nicht vor dem Mittagessen.«

Ein kleiner Junge und ein kleines Mädchen steigen
zusammen ins Planschbecken. Das Mädchen fragt:
»Kann ich das von dir da unten mal anfassen?«
Der Junge sagt: »Du bist wohl verrückt, deins hast
du doch sogar schon abgerissen!«

Fragt die Erzieherin im Kindergarten:
»Wem gehören diese blauen Handschuhe?«
Maja meldet sich und sagt: »Sie sehen aus
wie meine, sind aber nicht meine. Ich habe
meine nämlich verloren!«

Fritz beobachtet zufällig, wie seine kleine Schwester
aus einer Pfütze trinkt. »Hey, das darfst du nicht! Da
wirst du krank, da sind Bakterien drin! Du bist doch
kein Olchi.«
Die Schwester antwortet: »Keine Sorge, die sind
garantiert alle tot, ich bin vorher mit dem Roller
durchgefahren!«

Ein Igel hat seine Mutter verloren. Da läuft er in ein Gewächshaus, in dem ein Kaktus steht, und meint: »Da bist du ja, Mami!«

Der neue Religionslehrer fragt eine seiner Schülerinnen: »Kannst du mir sagen, wo die Cafeteria ist?« »Nein, das sage ich Ihnen nicht.« »So kommst du nicht in den Himmel!« »Ich weiß, aber Sie auch nicht in die Cafeteria!«

Lehrer: »Kennst du den den Ärmelkanal?«
Thomas: »Nein, wir sind leider noch nicht verkabelt!«

Klein Fritzchen schaut in die Schultüte und meint enttäuscht: »Und dafür soll ich mindestens zehn Jahre lang zur Schule gehen?«

Drei Olchis beugen sich über ein Brückengeländer. Sie haben die Hände in den Taschen vergraben, spucken manchmal hinunter in die Fluten und pupsen fröhlich vor sich hin. Kommt ein neugieriger Herr vorbei und fragt: »Was tut ihr denn da?«
»Ich tu nichts«, sagt das eine Olchi-Kind.
»Und du?«, fragt der Mann das andere Olchi-Kind.
»Ich tu auch nichts.«
»Und was machst du?«, fragt er Olchi-Papa.
»Ich? Beim Käsefuß, ich helfe den beiden!«

DIE LETZTEN WORTE DES ELEKTRIKERS:

»WOHIN GEHÖRT
DENN DIESES KABEL...?«

Ein Junge muss zum Direktor, der fragt den Übeltäter: »Ich habe gehört, dass du dich gestern heftig mit Susi gestritten hast und dass du behauptest, ihr nur Tomaten an den Kopf geschmissen zu haben. Warum hat sie dann so eine große Beule?« Antwortet der Junge: »Die Tomaten waren noch in der Dose!«

WILLKOMMEN AUF DER MÜLLKIPPE

Auf der Müllkippe ist eine herrliche Schlammknödel-
Schlacht im Gange. Die Olchi-Kinder schleudern mit
Schlammknödeln durch die Gegend, dass es eine helle
Freude ist. Das Olchi-Mädchen ist neidisch, weil der
Olchi-Junge besonders harte Würfe hinkriegt.
»Rostige Käsesocke, ich würde auch gern
so toll werfen können wie du.«
»Keine Chance«, sagt der Olchi-Junge, »so
gut wie ich wirst du nie. Das Schlammknödel-
Schleudern ist mir nämlich angeboren.«
Sagt das Olchi-Mädchen: »Na gut, dann lass
ich es mir eben auch anbohren.«

»Du bist ja ein richtig schneller Wirbelwind!«,
sagt eine Schnecke zur anderen. »Gestern noch
warst du auf der gegenüberliegenden Seite der
Abfallgrube, und heute bist du schon hier!«

Olchi-Mama und Olchi-Papa
machen einen romantischen
Abendspaziergang. Gerade versinkt
die rote Sonne hinter dem Müllberg.
»Weißt du eigentlich, warum die
Sonne immer so rot ist, wenn sie
untergeht?«, fragt Olchi-Mama.
»Na klar. Sie ärgert sich, dass
sie so früh ins Bett muss!«,
antwortet Olchi-Papa.

Der Olchi-Junge saust auf seinem
Fahrrad über die Müllberge. Plötzlich
fällt er kopfüber vom Rad.
»Käsiger Gichtgräten-Furz, hoffentlich
habe ich keine Gehirnerschütterung!«
»Keine Angst«, sagt das Olchi-Mädchen.
»Wo nichts ist, kann man nichts erschüttern.«

Olchi-Mama hat gesehen, wie das Olchi-Kind vom Rad
gestürzt ist, und kommt aus der Muffelhöhle gerannt.
»Beim Käserich«, sagt sie. »Nächstes Mal musst du beim
Radfahren unbedingt eine Strickmütze aufsetzen!«
»Wieso denn eine Strickmütze? Du
meinst wohl einen Fahrradhelm?«
»Matsch mit Soße, so ein Helm bringt gar nichts.
Überleg doch mal: Wenn man einen Helm von einem
hohen Turm wirft, geht er kaputt. Aber wenn man eine
Mütze von einem hohen Turm wirft, bleibt sie heil.
Na, was schützt dich bei einem Sturz also besser?«

OLCHI-KIND: »PAPA, DER MÜLLMANN IST DA.«
OLCHI-PAPA: »GUT, SAG IHM, ER SOLL
DREI VOLLE EIMER FÜR UNS DALASSEN.«

Olchi-Oma hüpft über die Müllkippe.
»Krötiger Hühnerich, warum hopst du
denn so?«, fragt Olchi-Opa.
»Ich hab gerade meine Medizin
genommen und vergessen, dass ich die
Flasche vorher schütteln muss!«

Die Olchi-Kinder machen eine Nachtwanderung.
Der Olchi-Junge hat eine Taschenlampe dabei und
entdeckt plötzlich eine frische Spur im Schlamm.
»Guck mal«, flüstert er, »das ist bestimmt eine
Werwolf-Spur. Los, wir verfolgen sie!«
Zitternd antwortet das Olchi-Mädchen:
»Müffelige Kleiderlaus! Dann finde du heraus,
wohin das Monster gegangen ist, und ich
schaue nach, woher es gekommen ist.«

Die Sonne geht auf. Zwischen den
Schrottteilen steht der Schneemann, den
die Olchi-Kinder gestern gebaut haben.
»Merkwürdig«, murmelt er. »Immer,
wenn die Sonne scheint, läuft es mir
eiskalt den Rücken runter!«

DAS OLCHI-KIND STARRT IN
EINE PFÜTZE, IN DER EINE
MÖHRE SCHWIMMT, UND
SEUFZT: »O STINKEFUSS,
DER ARME SCHNEEMANN!«

Heute spielt die ganze Olchi-Familie Verstecken.
Der Olchi-Junge ist mit Suchen dran. Es dauert
gar nicht lange, dann hat er alle Olchis gefunden.
Nur Olchi-Oma bleibt verschwunden.
Der Olchi-Junge ruft: »Oma, du kannst
rauskommen, ich finde dich nicht!«
Da tönt es dumpf aus der Tiefe eines
Müllberges: »Schlapper Schlammlappen,
das würd ich ja gern. Aber ich hab leider
vergessen, wo ich mich versteckt habe!«

Es gewittert und blitzt wie verrückt. Olchi-Papa streckt den Kopf aus der Müffelhöhle und ruft den Olchi-Kindern zu: »Kommt rein oder legt euch ganz flach auf den Boden! Das muss man tun, wenn ein Gewitter kommt.«
»Wieso denn auf den Boden legen?«, fragen die Olchi-Kinder.
»Damit der Blitz denkt, dass ihr schon tot seid!«

Warum wirft sich Olchi-Mama in Pose, wenn es gewittert?

WEIL SIE DENKT, DASS SIE FOTOGRAFIERT WIRD.

Die Olchi-Kinder spielen Indianer. Sie haben sich
auf der Müllkippe aus altem Schrott ein grätiges
Zelt gebaut. Jetzt hat das Olchi-Mädchen ein
Feuer entfacht und schickt den Olchi-Jungen ein
ums andere Mal los, um mehr Holz zu holen.
Nach einer Weile ist der Olchi-Junge erschöpft:
»Schleime-Schlamm-und-Käsefuß, wie viel Holz
brauchst du denn noch für deine Rauchsignale?«
»Och, noch eine ganze Menge – das
ist nämlich ein Ferngespräch!«

Olchi-Opa geht über die Müllhalde und macht
die ganze Zeit: »Schsch, schsch, schsch!«
»Käsiger Moderich, was soll das?«, fragt Olchi-Oma.
»Ich vertreibe die Elefanten«, erklärt Olchi-Opa.
»Aber hier gibt's doch keine Elefanten.«
»Na, siehst du! Es funktioniert!«

Zwei Regenwürmer gehen in
einer Pfütze spazieren. Als ihnen
eine Raupe entgegenkommt, sagt
der eine: »Diese aufgetakelten
Tussis mit ihren Pelzmänteln
kann ich nicht leiden.«

Olchi-Papa sucht nach alten Bananenschalen
und legt sie aufs Dach der Olchi-Höhle.
»So kann der Blitz nicht im Dach einschlagen!«,
meint Olchi-Papa. »Er rutscht dann aus!«

Heute ist herrliches Schmuddelwetter, und die Olchi-Kinder platschen fröhlich durch die Matschpfützen. Das Olchi-Mädchen hebt einen Regenwurm auf und fragt: »Woran erkennt man eigentlich, an welchem Ende der Wurm seinen Kopf hat?«
»Das kannst du ganz leicht herausfinden«, meint der Olchi-Junge. »Wenn du den Wurm in der Mitte kitzelst, brauchst du nur zu gucken, an welchem Ende er lacht.«

Olchi-Opa und das Olchi-Kind stehen auf dem Müllberg, schauen in den Sternenhimmel und bewundern den Vollmond.
Olchi-Opa erklärt: »Der Mond ist so riesig, dass über eine Million Olchis darauf Platz hätten.«
Olchi-Kind: »Ach du grindiger Strohsack, bei Halbmond wird das aber ein Gedränge!«

Olchi-Papa hat eine vollautomatische, höchst komplizierte Mausefalle konstruiert.
»Na, funktioniert sie?«, fragt das Olchi-Kind.
»Bei meinem grindigen Käsefuß, das will ich meinen!«, sagt Olchi-Papa. »Drei Mäuse liegen jetzt schon davor, weil sie sich über die Technik totgelacht haben.«

Die Olchi-Kinder toben draußen vor der Muffelhöhle. Da taucht Olchi-Mama auf und schimpft: »Ihr Stinkerlinge, ich rufe schon die ganze Zeit nach euch! Warum kommt ihr denn nicht?«
»Wir haben dich gar nicht gehört«,
sagt das eine Olchi-Kind.
»Na gut, aber beim nächsten Mal,
wenn ihr mich wieder nicht hört, sagt
mir gefälligst sofort Bescheid.«

Die Olchi-Kinder spielen Forscher und Entdecker und wühlen in den Müllbergen herum. Plötzlich findet der Olchi-Junge etwas: »Schau mal, ein echt krötiges Armband aus Elfenbein!« Das Olchi-Mädchen blickt ihn traurig an und seufzt: »Die armen, armen Elfen.«

OLCHI-PAPA HAT IN DEN ABFALLBERGEN EINEN HAMMER ENTDECKT UND ÄRGERT SICH: »MUFFELFURZTEUFEL, DER HAMMER FUNKTIONIERT NICHT RICHTIG. ER TRIFFT IMMER AUF MEINEN RECHTEN DAUMEN.«

Olchi-Mama liegt in einer Schlammpfütze.
Da kommt Olchi-Oma vorbei und fragt:
»Nimmst du mal wieder ein schönes Schlammbad?«
»Nö, ich habe bloß etwas verloren«,
meint Olchi-Mama.
»Was hast du denn verloren?«
»Mein Gleichgewicht.«

Die Olchis feiern ein großes
Fest auf der Müllkippe.
Hinterher fragt Olchi-Papa: »Wie konntest
du mich nur auf der Feier vor allen
Gästen als Blödmann bezeichnen?«
»Ach, tut mir leid. Ich wusste ja
nicht, dass du das geheim halten
wolltest!«, sagt Olchi-Mama.

Aus alten Holzlatten bastelt sich Olchi-Papa
eine Kiste, die zehn Zentimeter breit, zehn
Zentimeter hoch und zwanzig Meter lang ist.
»Wofür brauchst du denn so eine lange
Kiste?«, fragt das Olchi-Kind.
»Na ja, für unseren neuen Gartenschlauch!«

ZWEI SCHWALBEN SITZEN
AUF EINEM ALTEN FASS. DIE
SCHWALBIN SCHLUCHZT
HERZZERREISSEND, UND DER
SCHWALBERICH VERSUCHT,
SIE ZU BERUHIGEN: »GLAUB
MIR DOCH ENDLICH, ICH
BIN WIRKLICH NICHT
VERHEIRATET! DER RING IST
VON DER VOGELWARTE!«

In Schmuddelfing ist es schon seit Tagen eiskalt. Darum sind alle Schlammpfützen zugefroren, und die Olchi-Kinder schlittern fröhlich übers Eis. Da fällt der Olchi-Junge auf die Knubbelnase, und das Olchi-Mädchen ruft erschrocken: »Beim Grätenfurz, ist alles in Ordnung? Ist deine Nase verletzt?« »Matsch mit Soße«, antwortet der Olchi-Junge. »Die beiden Löcher waren doch schon vorher drin!«

»HAST DU DYNAMIT, PAPA?«,
FRAGT DAS OLCHI-KIND.
»MODRIGER MÜLLSACK, WOZU
BRAUCHST DU DENN DYNAMIT?«,
FRAGT OLCHI-PAPA ENTSETZT.
»MAMA HAT GESAGT, ICH SOLL DEN
RASEN VOR DER HÖHLE SPRENGEN.«

Der ordentliche blaue Olchi hat vor der
Muffelhöhle einen kleinen Garten angelegt.
Jetzt stellt er sogar noch einen Ventilator
ins Blumenbeet, damit die Pflanzen
immer genug frische Luft kriegen.

Der Olchi-Junge düst mit seinem Fahrrad über die
Müllhalde. Plötzlich hat er eine Reifenpanne. Als er sich
das Unglück genauer anschaut, seufzt er erleichtert:
»So ein Glück! Der Reifen ist nur unten platt.«

Zwei Mäuse beobachten eine
Spinne, die zwischen allerlei
Gerümpel ein Netz webt.
>>Was macht die denn da?<<,
fragt die eine Maus.
>>Keine Ahnung<<, sagt die andere
Maus, >>für mich spinnt die!<<

»Ich brauche mal schnell eine Schaufel! Mein
Bruder steckt bis zu den Schnürsenkeln im
Schlamm!«, ruft das Olchi-Mädchen.
»Na, nun übertreib mal nicht«, sagt Olchi-
Mama. »Er kann doch einfach raussteigen!«
»Geht nicht, er steckt kopfüber drin.«

Nichts ahnend spaziert Olchi-
Opa über die Müllhalde, als ihn
ein fetter Schlammknödel mitten
auf die Knubbelnase trifft.
»Heiliger Müffelfurz, warst du
das?«, fragt Olchi-Opa empört.
»Nö, ich war's nicht«,
sagt der Olchi-Junge.
»Wer war's denn dann?«
»Vergiss es! Denkst du etwa, ich
verrate meine Schwester?«

»EIGENTLICH MÜSSTE MEIN
FAHRRAD EINEN NAMEN KRIEGEN«,
FINDET DAS EINE OLCHI-KIND.
»NENN ES DOCH STORCH«, SCHLÄGT
DAS ANDERE OLCHI-KIND VOR.
»WIESO DENN STORCH?«
»NA JA, WEIL ES SO KLAPPERT.«

Der Olchi-Junge und das Olchi-Mädchen hätten schon längst zu Hause sein sollen. Aber beim Spielen haben sie einfach die Zeit vergessen.

»Oje, wenn wir jetzt in die Müffelhöhle kommen, gibt's bestimmt Ärger«, seufzt der Olchi-Junge.

»Also warten wir einfach noch länger, bis es richtig finster ist«, schlägt das Olchi-Mädchen vor. »Dann sind sie nicht sauer, sondern freuen sich, dass sie uns überhaupt wiederhaben.«

Olchi-Oma und Olchi-Opa muffeln gemütlich im Schatten vor sich hin. Nach drei Stunden streckt sich Olchi-Oma und gähnt, sodass ein paar Fliegen auf den Boden stürzen. Darauf sagt Olchi-Opa: »Schlammiger Läusebrei, du machst mich schon wieder ganz nervös mit deiner Hektik!«

Der blaue Olchi will endlich sauber sein. Er hat in der Abfallgrube ein Paar Badelatschen gefunden, beißt hinein, schmatzt, reibt sich den Bauch, schaut an sich herunter und sagt: »Die Badelatschen sind ein Schwindel. Ich bin ja immer noch genauso schmutzig wie vorher.«

Die Spinnenfrau will einkaufen gehen. Da sagt der Spinnerich: »Vergiss nicht, das Netz mitzunehmen. Du weißt ja, wie teuer Plastiktüten sind!«

Olchi-Papa zerrt einen alten Klavierschemel aus dem Müllberg und dreht ihn stundenlang hin und her. Schließlich flucht er: »Rotziges Regenrohr, mit diesem Klavierschemel stimmt irgendetwas nicht. Bisher ist kein einziger Ton rausgekommen.«

Die Olchi-Kinder spielen den ganzen Tag in den Abfallbergen. Abends kommen sie zurück zur Muffelhöhle. Olchi-Mama schlägt die Hände über dem Kopf zusammen und ruft: »Krötiger Mäusezahn, was ist denn mit dir passiert? Deine Kleider sind ja voller Löcher!« »Nix ist passiert«, sagt das Olchi-Mädchen. »Wir haben nur Kaufladen gespielt, und ich war der Schweizer Käse.«

SO LUSTIG IST ES IN DER OLCHI-HÖHLE!

Olchi-Papa verkündet: »Schwefeliger
Rattenpups, ich hab absolut nichts dagegen,
wenn bei uns in der Muffelhöhle einmal
geteilte Meinung zu einem Thema herrscht.
Wir machen es einfach so: Ich sage euch meine
Meinung, und ihr dürft sie dann teilen!«

Draußen ist es kalt, aber Olchi-Opa
und Olchi-Oma sitzen in der Muffelhöhle vor
dem Ofen und pupsen fröhlich vor sich hin.
Sagt die Olchi-Oma: »Feuer doch mal den Ofen an!«
Ruft Olchi-Opa: »Ofen vor, noch ein Tor!«
»Beim giftigen Würgeschlamm, so doch nicht!
Ich meine, du sollst den Ofen anmachen!«
»Ach so, wenn du unbedingt willst«, brummt
Olchi-Opa. »Na, du krötiges Ofending! Du siehst
aber gut aus! Wie wär's denn mit uns beiden?
Hast du heute Abend schon was vor?«

»Mama, was wünschst du dir zu
Weihnachten?«, fragen die Olchi-Kinder.
»Ich wünsche mir zwei muffelfurzbrave Kinder.«
»Echt krötig!«, jubelt das Olchi-Mädchen. »Dann
sind wir ja bald noch mehr Geschwister: Mein Bruder
und das Olchi-Baby, die zwei Braven und ich.«

OLCHI-OMA DROHT: »WENN DU WEITER
SO VIEL UNSINN MACHST, ERGEHT ES
DIR WIE ROTKÄPPCHEN. DU WEISST
JA, ES WURDE VOM WOLF GEHOLT.«
»STIMMT GENAU«, ANTWORTET
DAS OLCHI-KIND, »ABER VORHER
WAR DIE OMA DRAN.«

»Muss Gott eigentlich auch aufs Klo?«, fragt das Olchi-Kind.
»Wie kommst du denn darauf?«, will Olchi-Mama wissen.
»Na ja, als ich heute Morgen auf dem Klo
saß, hat Olchi-Opa angeklopft und gerufen:
›O Gott, bist du schon wieder drauf?‹«

»Die Fledermaus Flutschi gehorcht
mir aufs Wort«, sagt das Olchi-
Kind. »Ich sage zu ihr: ›Fliegst
du jetzt her, oder fliegst du jetzt
nicht her?‹ Dann fliegt sie immer
zu mir oder auch nicht.«

Olchi-Opa und Olchi-
Papa gucken Fußball.
»Fliegenpups und Krötenfurz,
immer noch kein Tor«, nörgelt
Olchi-Opa nach einer Weile.
»Wieso?«, fragt Olchi-Papa
irritiert. »Da sind doch zwei!
Reichen die dir nicht?«

Olchi-Opa: »Grrumpf-Spotz-Würg-Spei-Schleime-Schlamm-und-Käsefuß! Ich fühl mich heute hundsmiserabel und sauelend!«
Olchi-Kind: »Wenn du mich fragst, solltest du mal zum Tierarzt gehen!«

Der blaue Olchi räumt die Muffelhöhle auf.
»Ordnung ist das halbe Leben«, erklärt er.
»Schleime-Schlamm-und-Käsefuß,
aber wir leben in der anderen Hälfte!«,
sagt Olchi-Mama genervt.

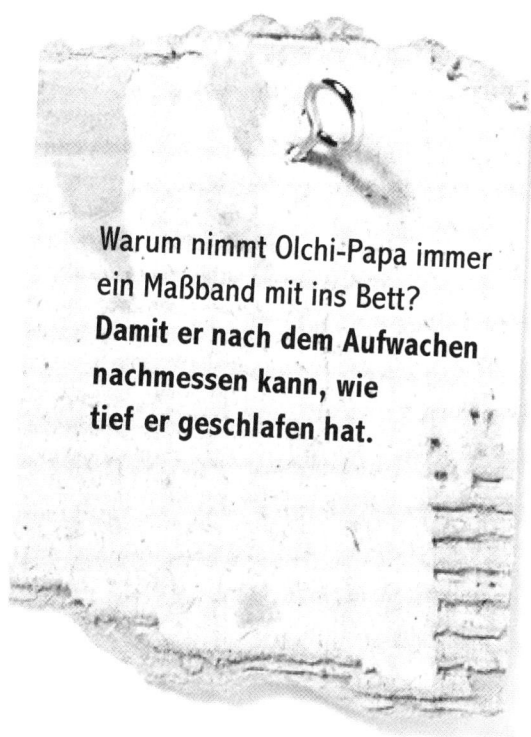

Warum nimmt Olchi-Papa immer ein Maßband mit ins Bett?
Damit er nach dem Aufwachen nachmessen kann, wie tief er geschlafen hat.

»Was würdest du tun, wenn du in der Lotterie eine Million gewinnen würdest?«, fragt das eine Olchi-Kind.
»Ich würde das ganze Geld aufessen! Und mit dem Rest würde ich meine Goldfische füttern«, sagt das andere Olchi-Kind.

Der Olchi-Junge hat sich von Olchi-Opa eine alte Schallplatte ausgeliehen. Jetzt gibt er ihm die Platte völlig zerkratzt zurück.
»Schleimige Müffellaus, was hast du denn mit meiner Platte gemacht?«, ruft Olchi-Opa entsetzt.
»Nichts weiter. Ich hab mir nur die schönsten Stellen angekreuzt!«

»Ich habe heute eine gute Tat vollbracht«, sagt das Olchi-Kind stolz. »Ich habe einen Hund auf zwei alte Damen gehetzt. Das war oberkrötig! Weil sie so schnell losgerannt sind, haben sie ihren Bus noch erwischt.«

»Warum sind denn deine Hörhörner so dick verbunden?«, fragt das Olchi-Kind. »Windiger Holzwurm«, sagt Olchi-Oma seufzend, »ich hab gebügelt, als das Telefon klingelte. Und dann hab ich aus Versehen das Bügeleisen an mein rechtes Hörhorn gehalten.«

»O Käsefuß, wie schrecklich!«, ruft das Olchi-Kind. »Aber was ist mit deinem linken Hörhorn passiert?« »Ach, ich dachte, ich ruf mal schnell den Arzt an ...«

Olchi-Mama und Olchi-Papa spielen eine Partie Poker.
»Knochige Rostbeule, du spielst falsch!«,
ruft Olchi-Mama entrüstet.
»Matsch mit Soße! Wie kommst du denn
darauf?«, fragt Olchi-Papa.
»Das sind überhaupt nicht die Karten,
die ich dir gegeben habe!«

Mitten in der Nacht schleicht das Olchi-
Mädchen ins Schlafzimmer seiner Eltern.
Es zupft Olchi-Mama am Ärmel und
flüstert: »Wach doch mal auf. In meinem
Zimmer sind ganz gruselige Träume drin.
Ich will lieber hier bei euch schlafen.«

Der Olchi-Junge kommt nach Hause
und hat ein Gebiss in der Hand.
»Woher hast du das Gebiss?«, fragt Olchi-Mama.
»Das hab ich einer alten Tante gemopst«, sagt der Olchi-Junge.
»Ach du schlapper Schlammfuß! Was
hat sie denn dazu gesagt?«
»Gif mif soffot mein Gebif widder!«

Das Olchi-Mädchen fragt: »Na, was
hat Mama dazu gesagt, dass du ihren
Lieblingsbecher kaputt gemacht hast?«
Olchi-Junge: »Willst du, dass ich
auch ihre Flüche wiederhole?«
»Nö, ohne die Flüche.«
»Hm, ja ..., also dann ..., dann hat
sie eigentlich gar nichts gesagt.«

Die Olchis feiern Olchi-Omas Gefurztag, und in der Muffelhöhle herrscht ein lustiges Durcheinander. Die Olchi-Kinder spielen Topfschlagen, Olchi-Oma und Olchi-Opa verschlingen rülpsend große Stücke Feuerstuhltorte, und Olchi-Mama singt, so laut es geht: »Zum Gefurztag viel Glück …!« Nach einer Weile hält Olchi-Papa es nicht mehr aus: »Heiliger Müllsack, wenn alle so viel Krach machen, kann ich ja mein eigenes Wort nicht mehr verstehen!« Olchi-Mama hört auf zu singen und sagt: »Egal, da verpasst du nicht viel!«

Olchi-Kind: »Du, Opa, ich glaube, da ist jemand für dich am Telefon.«
Olchi-Opa: »Spotzteufel, was heißt hier ›Ich glaube‹?«
»Na ja, da ist einer dran, der hat gesagt: ›Hallo, bist du es, alter Saftsack?‹«

»Ich trage euch jetzt ein paar neue Verse
vor, die ich soeben aus eigener Kraft
gedichtet habe«, sagt Olchi-Opa.
Die anderen Olchis lauschen geduldig.
Endlich ist Opa fertig.
»Na, was hat euch am besten
gefallen?«, will er wissen.
»Alles das, was du nicht vorgelesen
hast!«, rufen die Olchis.

OLCHI-OMA BRINGT DEN OLCHI-
KINDERN EINEN LUFTBALLON MIT.
»HIER, ICH HAB WAS KRÖTIGES
FÜR EUCH! ABER IHR MÜSST ES
GANZ GERECHT TEILEN.«

Das Olchi-Mädchen kommt maulend angerannt und ruft: »Beim Läusefurz, wie soll ich denn das dumme Kleid zuknöpfen, wenn die Knöpfe hinten sind und ich vorne?«

DAS OLCHI-KIND ZERSCHLÄGT SEIN SPARSCHWEIN UND RUFT WÜTEND: »MUFFELFURZTEUFEL! DAS DOOFE SPARSCHWEIN HAT JA ÜBERHAUPT NOCH NICHTS GESPART!«

Olchi-Mama schimpft: »Wer hat meinen Stinkerkuchen aufgegessen?«
Olchi-Papa ruft: »Wer hat mein Fahrradöl getrunken?«
Olchi-Oma zetert: »Und wer hat mein Grammofon benutzt?«
Olchi-Opa kommt fröhlich tanzend in die Höhle:
»Schmatz! Hicks! Tscha-tscha-tscha!«

Was macht Olchi-Mama im Kühlschrank?
Sie guckt nach, ob das Licht auch wirklich ausgeht.

Olchi-Oma hebt das Telefon ab, obwohl
es gar nicht geläutet hat, und fragt:
»Beim glitschigen Glasauge! Na, wer ist
die Schönste im ganzen Land?«
Antwortet das Telefon: »Du du
du du du du du du ...!«
Olchi-Oma legt zufrieden auf.

>>Opa, Opa, das Baby klappert
mit den Zähnen!<<, ruft das
Olchi-Kind aufgeregt.
>>Staubiger Knochenpups<<,
meint Olchi-Opa. >>Es hat doch
noch gar keine Zähne.<<
>>Stimmt, ich glaube, es
klappert mit deinen!<<

Mitten in der Nacht schreckt Olchi-Mama
hoch und rüttelt Olchi-Papa wach.
»Was soll denn das? Warum weckst du
mich?«, brummt Olchi-Papa schläfrig.
»Mir ist gerade eingefallen, dass du vergessen
hast, deine Schlaftablette zu nehmen!«

DIE UHR, DIE IN DER MUFFELHÖHLE
HÄNGT, IST STEHEN GEBLIEBEN. OLCHI-
PAPA WILL DER SACHE AUF DEN GRUND
GEHEN. ALS ER DAS GEHÄUSE ÖFFNET,
FÄLLT EINE TOTE AMEISE HERAUS.
»BEIM KÄSERICH, HAB ICH'S MIR
DOCH GEDACHT«, RUFT OLCHI-PAPA.
»DER MASCHINIST IST GESTORBEN.«

Tante Olga aus Pampendorf besucht die Olchis in
Schmuddelfing. Weil das Olchi-Kind die ganze Zeit
Grimassen schneidet, sagt sie: »Als ich noch ein Kind
war, hat meine Mutter immer gesagt: ›Pass auf, wenn du
solche Fratzen schneidest, bleibt dir das fürs Leben!‹«
»Na, siehst du«, sagt das Olchi-Kind. »Dann kannst
du nicht sagen, man hätte dich nicht gewarnt.«

»Achtung, ein oberolchiger Witz!«, verkündet
Olchi-Opa. »Wer hält eine Banane in der Hand
und hangelt sich von Klotür zu Klotür?«
Johlt die ganze Olchi-Familie: »Der Klo-rilla!«

Olchi-Mama telefoniert gern. In den letzten
Tagen hat sie ununterbrochen gequatscht.
Doch heute fällt das Telefonat deutlich kürzer
aus. Schon nach zehn Minuten legt sie auf.
»Grätig! Du lernst es also doch noch,
dich kurzzufassen«, lobt Olchi-
Papa. »Wer war es denn diesmal?«
»Och«, sagt Olchi-Mama,
»bloß falsch verbunden.«

OLCHI-MAMA LEGT DAS OLCHI-
BABY AUF DIE WAAGE.
FRAGT DAS OLCHI-KIND: »MAMA,
WARUM TUST DU DAS? WILLST DU DAS
BABY SCHON WIEDER VERKAUFEN?«

Heute ist es draußen kalt, darum haben die Olchis
keine Lust, die gemütliche Muffelhöhle zu verlassen.
Zum Glück hat Olchi-Oma eine tolle Idee. Sie könnten
Theater spielen! Ein Stück hat sie auch schon ins Auge
gefasst: Dornröschen. Sie proben eine ganze Weile.
Plötzlich sagt das eine Olchi-Kind: »Rattiger
Läuserich, ich hab jetzt keine Lust mehr auf Theater!
Ich mag nicht mehr Zornhöschen spielen!«
»Aber warum denn nicht, mein kleiner Stinkerling?
Das macht doch so viel Spaß!«, sagt Olchi-Oma.
»Aber nicht, wenn ihr alle so tolle Klamotten
anhabt und ich der Küchenjunge sein muss, der
vom dicken Koch immer Ohrfeigen kriegt!«

Olchi-Papa trinkt eine Tasse Schlammbrühe.
Da fällt ihm die Tasse aus der Hand.
Olchi-Mama jammert: »O Käsefuß,
ist die Tasse jetzt kaputt?«
»Keine Angst«, sagt Olchi-Papa. »Sie ist
bloß in ihre Einzelteile zerfallen.«

Olchi-Oma lässt jedes Mal die Tür
einen Spalt offen, wenn sie aufs
Klo geht, damit niemand durchs
Schlüsselloch gucken kann.

»Mama, in der Zeitung steht, das Theater sucht Statisten.
Was sind denn Statisten?«, fragt das Olchi-Mädchen.
»Statisten sind Leute, die nur herumstehen und
nichts zu sagen haben«, erklärt Olchi-Mama.
»Morscher Matschbeutel, das wär
doch was für Olchi-Papa!«

Olchi-Oma strickt wie eine Wilde.
»Bei meinen lausigen Schlammwanzen,
warum beeilst du dich denn
so?«, fragt das Olchi-Kind.
»Der Pulli muss unbedingt fertig
werden, bevor die Wolle zu
Ende ist«, sagt Olchi-Oma.

Die Tante Olga steckt dem Olchi-
Mädchen etwas zu: »Hier, ich habe dir ein
funkelnagelneues Eurostück mitgebracht!«
»Sumpfiger Froschpups, das wäre doch nicht nötig
gewesen«, sagt das Olchi-Mädchen. »Ich hätte
auch einen alten, zerknautschten Zehneuroschein
genommen! Der schmeckt sogar noch besser!«

Olchi-Mama: »Was wünschst du dir eigentlich zum Gefurztag?«
Olchi-Papa: »Eine elektrische Bohrmaschine
dürft ihr mir schenken!«
Olchi-Mama: »Ach, du alter Faulpelz! Kannst du
nicht mit dem Finger in der Nase bohren?«

In Schmuddelfing ist gerade ein Vertreter
unterwegs, der den Leuten die neueste
Erfindung aus Amerika verkaufen will:
einen Rasierautomaten. Eines Tages kommt
der Vertreter auch an der Muffelhöhle
der Olchis vorbei und preist das Ding an:
»Man schiebt seinen Kopf in das Rohr,
drückt auf den Startknopf, und in Sekunden
säbeln die scharfen Messer den Bart ab!«
»Aber jeder hat doch eine andere
Gesichtsform«, wendet Olchi-Papa ein.
»Das stimmt. Allerdings nur
beim ersten Mal …«

Die Olchis feiern den Advent mit einem köstlichen Schimmelstollen und Schmuddelkeksen. Aber auf ihrem Adventskranz stecken leider nur zwei Kerzen. Zum Glück hat Olchi-Papa eine Idee, wie man daraus vier machen kann: Er stellt den Kranz einfach vor einen Spiegel!

»Olchi-Oma wünscht sich etwas zu Weihnachten, das ihr gut zu Gesicht steht«, sagt das eine Olchi-Kind.
»Dann kauf ihr einen Faltenrock«, schlägt das andere Olchi-Kind vor.

Es ist Abend, und die Olchi-Kinder liegen in ihren Obstkisten. Der Olchi-Junge liest noch ein bisschen in seinem Dracula-Buch.
Das Olchi-Mädchen fragt: »Was ist denn eigentlich Draculas Lieblingstier?«
Der Olchi-Junge denkt kurz nach, dann sagt er: »Wahrscheinlich die Giraffe, weil sie so einen langen Hals zum Reinbeißen hat.«

Olchi-Kind: »Papa, weißt du, warum die Dinosaurier so runzlig waren?«
Olchi-Papa: »Klar weiß ich das. Weil sich damals niemand getraut hat, diese Tiere zu bügeln.«

Der furchtbar nervige blaue Olchi
ist schon seit fast zwei Wochen zu
Besuch in Schmuddelfing.
»Holziger Stinkerich, bald macht Olchi-Papa
sein Kunststück«, freut sich der Olchi-Junge.
»Welches Kunststück?«, will das
Olchi-Mädchen wissen.
»Na, er hat gesagt, wenn der blaue
Olchi länger als zwei Wochen bleibt,
geht er die Wände hoch!«

Olchi-Mama: »Sag mal, warum nimmst du eigentlich immer einen Stein und Streichhölzer mit ins Bett?«
Olchi-Papa: »Beim Grätenfurz, das ist doch klar: Mit dem Stein werf ich das Licht aus, und mit den Streichhölzern guck ich nach, ob ich auch wirklich getroffen hab.«

»MÜFFELNDE KLEIDERLAUS, UND WARUM NIMMST DU EINE SCHERE MIT INS BETT?«, FRAGT OLCHI-PAPA. »WENN EINBRECHER KOMMEN, SCHNEIDE ICH IHNEN DEN WEG AB!«, SAGT OLCHI-MAMA.

»Na, ist dein abgebrochener Fingernagel wieder nachgewachsen?«, fragt das eine Olchi-Kind. »Ja, nur der schwarze Rand fehlt noch«, sagt das andere Olchi-Kind.

Olchi-Oma und Olchi-Opa liegen stinkefaul auf dem Sofa. Plötzlich sagt Olchi-Opa: »Mir ist so, als hättest du eben etwas zu mir gesagt.« »Krötige Kakerlake, das war doch schon vorgestern!«

Olchi-Kind: »Im Radio
haben sie gesagt, dass
in Italien ein Vulkan
ausgebrochen ist.«
Olchi-Oma: »O Käsefuß,
hoffentlich wird er bald
wieder eingefangen!«

**Olchi-Opa zu Olchi-Oma: »Lausiger
Rattenfurz, du bist so schlank wie ein Reh!
Oder wie hieß noch mal das große
graue Tier mit dem Rüssel?«**

Olchi-Kind: »Papa, warum hast du eigentlich
beim Zeitunglesen einen Helm auf?«
Olchi-Papa: »Man muss sich doch vor
den Schlagzeilen schützen.«

Olchi-Mama guckt auf Olchi-Omas
Schuhe und sagt verwundert: »Was hast
du denn für merkwürdige Schuhe? Der
eine ist ja grün und der andere braun.«
Olchi-Oma antwortet stolz: »Krötig, oder?
Ich habe das Paar sogar zweimal.«

Das Olchi-Kind spielt auf seiner Trompete.
»Törööööötötöööö!«, tönt es durch die Müffelhöhle.
»Oje!«, jammert Olchi-Papa und hält sich die
Hörhörner zu. »Kannst du mit dem Üben nicht
warten, bis du ein bisschen besser spielst?«

Olchi-Papa will Sparen lernen. Er sitzt
gemütlich im Sessel, muffelt vor sich hin und
liest ein Buch. Alle paar Minuten schaltet er
das Licht aus und dann sofort wieder an.
Nach einer Weile fragt Olchi-Mama genervt: »Sag
mal, alter Stinkerich, was soll denn das?«
Sagt Olchi-Papa: »Pampige Rostbeule, zum
Lesen brauche ich Licht. Aber umblättern
kann ich auch im Dunkeln.«

D ie Olchi-
Kinder
schauen sich
im Fernsehen einen
Piratenfilm an. Gerade
klettert ein Pirat nach
oben auf den Schiffsmast.
Olchi-Junge: »Wetten, dass der
Pirat gleich ins Wasser plumpst?«
Olchi-Mädchen: »Matsch mit
Soße, das glaub ich nicht.«
Olchi-Junge: »Doch, ich wette um
einen Stinkerkuchen, dass er fällt.«
Olchi-Mädchen: »Gut, die Wette gilt.«
Da stürzt der Pirat tatsächlich kopfüber ins Meer.
Olchi-Junge: »Haha, ich hab geschummelt,
ich kenn den Film schon.«
Olchi-Mädchen: »Ich kenn den Film doch auch
schon. Aber ich hätte nicht gedacht, dass der Pirat so
dumm ist und noch ein zweites Mal ausrutscht.«

Das Olchi-Kind hat gerade zwei Milchzähne
auf einmal verloren. Es ruft: »Schleime-
Schlamm-und-Käsefuß, ich glaub,
mein Mund kriegt eine Glatze!«

Olchi-Oma steht vor dem Spiegel.
»Spieglein, Spieglein an der Wand, wer
ist die Schönste im ganzen Land?«
Sagt der Spiegel: »Geh erst mal beiseite,
ich kann ja gar nichts sehen!«

Die Olchi-Kinder spielen Müllopoly. Aber es bringt nicht
so richtig Spaß, weil das Olchi-Baby auch mitmachen will,
und von den Spielregeln hat es natürlich keine Ahnung.
Schließlich nimmt das Olchi-Mädchen das Baby, setzt
es auf einen Schrank und sagt: »Jetzt hast du gerade ein
Hochhaus gekauft. Genieß die krötige Aussicht und halt
dich schön ruhig, damit du nicht herunterpurzelst.«

Olchi-Papa hat gerade sein Buch zu Ende gelesen.
Er sagt zu Olchi-Mama: »Der Krimi hier ist wirklich
spannend! Den musst du unbedingt auch mal lesen, da
wirst du richtig erschaudern! Man rätselt dreihundert
Seiten lang, wer der Mörder ist, und erst auf der
vorletzten Seite erfährt man, dass es der Koch ist.«

Die Olchi-Kinder streiten sich.
Olchi-Mädchen: »Du bist
parfümfrischluftdoof!«
Olchi-Junge: »Und du
bist so überflüssig wie ein
Sandkasten in der Wüste!«

Warum klettern die Olchis im Dezember immer
durchs Fenster in ihre Muffelhöhle?
WEIL WEIHNACHTEN VOR DER TÜR STEHT.

»Ich glaube, dieses Jahr ist Weihnachten an
einem Freitag«, sagt das Olchi-Mädchen.
»O Käsefuß, hoffentlich nicht an einem
Dreizehnten!«, ruft Olchi-Oma.

Der Olchi-Junge liest laut in einem Buch.
»Was liest du da?«, fragt das Olchi-Mädchen.
»Keine Ahnung«, meint der Olchi-
Junge schulterzuckend.
»Glibberiger Käserich, aber du musst es doch
wissen! Du liest es schließlich laut vor!«
»Ja schon, aber ich hör mir überhaupt nicht zu.«

»Dürfen wir nach Schmuddelfing ins Kino
gehen?«, betteln die Olchi-Kinder.
»Na gut«, sagt Olchi-Mama. »Aber nur, wenn ihr
keinen von diesen Gangsterfilmen anschaut, in denen
immer geschossen, gemetzelt und gemordet wird.«
»Wie heißt denn der Film?«, fragt Olchi-Papa.
»Kampfratten im Abwasser von London. Ich glaube, ein
paar Kloaken-Monster verlieben sich da in zehnarmige
Schleim-Ratten!«, antwortet das eine Olchi-Kind.
»Na, dann ist es ja gut. Aber esst kein frisches
Popcorn! Ihr bekommt davon wieder diese
schlimmen bunten Flecken!«, sagt Olchi-Mama.

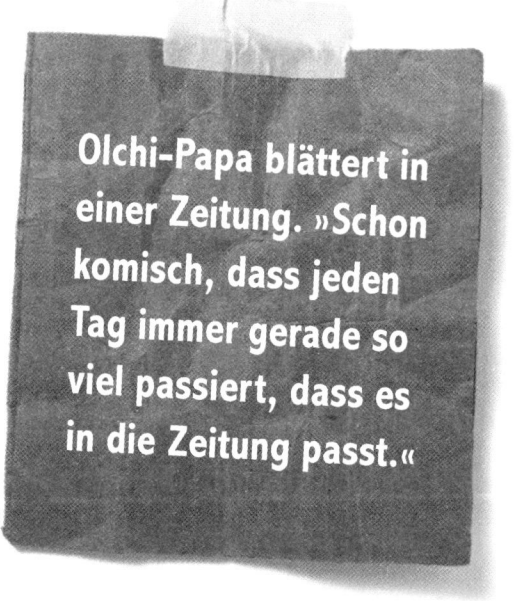

Olchi-Papa blättert in einer Zeitung. »Schon komisch, dass jeden Tag immer gerade so viel passiert, dass es in die Zeitung passt.«

OLCHIGE WEISHEITEN

Ein Olchi hat zwei Arme zum Arbeiten
und zwei Beine, um so schnell wie möglich
vor der Arbeit davonzulaufen.

Stinkerkuchen macht nicht dick,
er formt bloß.

MORGENSTUND IST UNGESUND.

Die meisten Probleme lösen sich von alleine.
Man darf sie nur nicht dabei stören!

Ein Olchi fängt schwach mit dem Arbeiten
an und lässt dann stark nach.

Ein Käsefuß kommt selten allein.

Olchi-Opas Lieblingsweisheit:
JEDEM DAS SEINE UND MIR DAS MEISTE!

Drinnen in der Muffelhöhle ist es genauso wie
draußen auf der Müllkippe, nur anders.

Olchi-Füße müffeln und sind schmutzig,
ist das nicht putzig?

Es ist besser, heimlich schlau
zu sein, als unheimlich blöd.

Nur durch Fehler wird man klug, darum ist einer nicht genug.

LIEBER STINKERKUCHEN IM BAUCH
ALS STROH IM KOPF.

Wer Ordnung hält, ist nur zu faul zum Suchen.

Erst schließen wir die Augen, und dann sehen wir weiter.

Die Olchis arbeiten Hand in Hand: Was der eine nicht schafft, lässt der andere schön liegen.

HAST DU SONNE IM HERZEN UND STINKERKUCHEN IM BAUCH, DANN BIST DU GLÜCKLICH, UND SATT BIST DU AUCH.

Ein Olchi verspricht nichts, und das hält er dann auch.

Schmutziges Geschirr schimmelt schöner, wenn man es nicht in der Gefriertruhe aufbewahrt.

Lerne die Regeln, damit du weißt,
wie man sie richtig bricht.

Olchi-Papas Lieblingsweisheit: Es gibt immer
zwei Meinungen. Meine und die falsche.

GEGEN LÖCHER IN DER HOSE HELFEN
MOTTEN. DENN MOTTEN FRESSEN LÖCHER.

Salat schmeckt lecker, wenn man ihn kurz vor dem Servieren
durch ein herrliches Stück Stinkerkuchen ersetzt.

Riechst du das Olchi-Furz-Aroma,
fällst du gleich ins Müffel-Koma.

Man muss nicht an alles glauben, was stimmt.

Wenn ein Olchi in der Nase bohrt, ist das gar kein Graus.
Schließlich geht er in sich und holt etwas aus sich heraus.

Lieber sechs Stunden Schule
als gar keinen Schlaf!

Ein Olchi isst und trinkt, was er nur finden kann.
Nur Arbeit schmeckt ihm nicht.

**Faulheit ist die Kunst, sich auszuruhen,
bevor man müde wird.**

SCHIMMELBREI UND KRÖTENTRUNK

»Wo ist denn nur meine gammelige Schmuddeltorte
geblieben?«, wundert sich die Olchi-Mama.
»Beim Kröterich, ich hatte Mitleid!«, meint
das Olchi-Mädchen. »Ich wollte nicht, dass sie
sich so ganz allein auf dem Tisch langweilt.
Deshalb hab ich sie lieber aufgegessen.«

Warum hat Olchi-Papa so einen platten Hinterkopf?

WEIL IHM BEIM TRINKEN IMMER DER
KLODECKEL AUF DEN KOPF FÄLLT.

»Na, wie schmeckt euch meine
Pfützenwassersuppe?«, fragt Olchi-Mama.
»Gut! Es ist nur zu wenig Suppe im
Salz«, schmatzt Olchi-Papa.

»IN DER SUPPE
SCHWIMMT EIN
HAAR«, STELLT DAS
OLCHI-KIND FEST.
»DAS IST NUR EINE
WIMPER VON DEN
FETTAUGEN«, ERKLÄRT
OLCHI-OMA.

Olchi-Junge: »Opa, möchtest
du einen Stinkerkeks?«
Olchi-Opa: »Nein.«
Olchi-Junge: »Gut, jetzt frag du mich.«

»Heute gibt es Zigarrenkippenauflauf, ihr lieben Stinkerchen!«, ruft Olchi-Mama und stellt eine große Auflaufform auf den Tisch. Kurz darauf schmatzen alle fröhlich vor sich hin.
Da sagt Olchi-Oma: »Komisch, der Auflauf schmeckt überhaupt nicht nach Zigarettenkippen. Da sind doch gar keine drin.«
»Na und? Ist in einer Tagessuppe vielleicht ein Tag?«, fragt Olchi-Mama.

Die Olchis essen Eis mit Schlammsoße. »Guckt mal!«, ruft das Olchi-Mädchen. »Auf meinem Eis ist eine Fliege. Die übt bestimmt mit ihren Skiern für die Winterolympiade.«

»Rattiger Gichtkübel, vorhin lagen noch drei Schmuddelkekse auf dem Teller, und jetzt ist nur noch ein einziger da«, schimpft Olchi-Mama.
»Huch, den habe ich glatt übersehen«, kichert das Olchi-Kind.

Das Olchi-Mädchen sagt zum Olchi-Jungen:
»Wenn du errätst, wie viele Stinkerkekse ich in
der Hand habe, dann kriegst du alle drei!«
»Drei natürlich«, sagt der Olchi-Junge.
»Schleime-Schlamm-und-Käsefuß, das weißt du
aber nur, weil du sie vorher schon gesehen hast!«

Es ist noch genau ein einziger Stinkerkeks übrig, und die beiden Olchi-Kinder streiten sich, wer ihn essen darf. >>O Käsefuß, ihr sollt euch doch nicht immer zanken<<, schimpft Olchi-Papa. >>Man muss im Leben lernen, zu geben und zu nehmen!<< >>Hab ich doch gemacht!<<, ruft der Olchi-Junge und zeigt auf das Olchi-Mädchen. >>Ich hab ihr einen Fußtritt gegeben und mir den Stinkerkeks genommen.<<

Heute kommt der blaue Olchi in die Muffelhöhle.
Die Olchi-Kinder maulen herum, denn
der blaue Olchi ist immer so gruselig
reinlich und ordentlich. Außerdem hat Olchi-Mama
gesagt, dass sie ganz höflich sein und manierlich
essen müssen, solange der Besuch da ist.
Nun sitzen alle Olchis um den Tisch, denn es gibt
herrliche Matschknödel und feine Algenbowle. Doch
der Olchi-Junge sitzt mit knurrendem Magen da
und schaut leicht verzweifelt auf seinen Teller.
»Öje, du leidest wöhl an Appetitlösigkeit?«,
fragt der blaue Olchi.
»Nö, nur an der Höflichkeit«, sagt der Olchi-Junge.
»Weil wir heute alle ördentlich essen söllen.«

Olchi-Oma hat ziemlich zugenommen. Als sie auf die neue, supermoderne Waage steigt, ertönt eine Roboterstimme: »Bitte immer nur eine Person!«

Olchi-Oma: »O Käsefuß, wieso bin ich denn so dick geworden?«
Olchi-Opa: »Vielleicht hast du in letzter Zeit zu viel Stinkerkuchen gegessen?«
Olchi-Oma: »Rostige Blechdose, ich glaube eher, dass ich in der Zeitung zu lange auf das Fettgedruckte gestarrt habe.«

»ICH KENN EIN TOLLES DIÄTREZEPT«, SAGT OLCHI-PAPA. »MAN DARF WOCHENLANG NICHTS ANDERES ESSEN ALS PFÜTZENSUPPE VERDÜNNT MIT WASSER, UND ZWAR MIT CHINESISCHEN STÄBCHEN.«

Olchi-Kind: »Was gibt es heute zum Mittagessen?«
Olchi-Mama: »Flambierte Schuhsohlen, flambiertes Hartgummi und flambierte Nägel.«
Olchi-Kind: »Wieso flambierst du denn alles?«
Olchi-Mama: »Weil die Küche brennt.«

Olchi-Mama backt gerade ein großes Blech Stinkerkekse.
Da stürmt das Olchi-Mädchen herein und ruft:
»Sumpfiger Läuse-Furz, Opa jammert schon die ganze
Zeit, dass er sein Gebiss endlich wiederhaben will.«
Darauf antwortet Olchi-Mama: »Er soll sich
noch einen Moment gedulden. Ich bin ja gleich
fertig mit dem Kekseausstechen!«

**Die Olchis essen eine faulig-feine Matschbrühe
mit Regenwürmern. Der Olchi-Junge starrt eine
ganze Weile auf seinen Suppenteller. Dann sagt
er: »Kann jemand die Fettaugen aus meiner Suppe
schöpfen? Ich fühle mich so beobachtet!«**

Olchi-Mama sagt zum Olchi-Kind: »Ich geh kurz für
ein paar Minuten raus auf die Müllhalde. Rührst du
bitte den Stinkerbrei jede halbe Stunde einmal um?«

Warum isst Olchi-Papa keine Essiggurken?
**Weil er mit seiner Knubbelnase nicht
in das Glas reinkommt.**

Heute scheint in Schmuddelfing die
Sonne, und es ist richtig heiß. Darum
schenkt Olchi-Mama jedem ein Glas
krötige Baumschwamm-Limonade ein.
»Schuppiger Rattenschwanz, die ist ja lauwarm
und gar nicht eisgekühlt«, mault das Olchi-Kind.
»Schlammiger Schnodder, ich konnte leider
keine Eiswürfel machen«, meint Olchi-Mama.
»Ich hab nämlich das Rezept verloren.«

Olchi-Oma steht in der Küche und starrt
auf die rot glühende Herdplatte.
Da kommt der Olchi-Junge rein und
fragt: »Wolltest du uns heute nicht einen
oberolchigen Schmuddeleintopf kochen?«
»Jaja, ich fang gleich damit an«, sagt Olchi-
Oma. »Ich warte bloß darauf, dass die
Platte endlich auf Grün springt.«

»Wisst ihr, was richtig krötig wäre?«, fragt das Olchi-Mädchen. »Wenn man so einen langen Hals hätte wie die Giraffen. Den würde die Baumschwamm-Limo schön langsam hinunterzischen.«

Olchi-Papa hat zu viel heißes Wasser gekocht. Aber das macht nichts, er friert es einfach ein. Heißes Wasser kann man schließlich immer gebrauchen.

Der Olchi-Junge ist mit der Dose Stinkerkekse davongelaufen. »Los, wir verfolgen ihn zusammen!«, ruft Olchi-Mama dem Olchi-Papa zu. »Zu zweit sind wir doppelt so schnell.«

Das eine Olchi-Kind sagt: »Die Baumschwamm-Limo ist ja herrlich trüb!« Das andere Olchi-Kind antwortet: »Das sieht leider nur so aus in dem dreckigen Glas.«

»Wie magst du deinen Schlickkaffee? Stark und mit
einem Schuss Pfützenwasser?«, fragt Olchi-Mama.
»Ja, aber vor allem mit viel, viel
Stinkerkuchen!«, sagt Olchi-Opa.

Die Olchis sitzen am Tisch und verschlingen
schmatzend und rülpsend das herrlich
schlammige Pferdeäpfel-Gulasch
mit Klopapierknödeln und Schnoddersoße.
Olchi-Opa pupst fröhlich vor sich hin.
Der Olchi-Junge fragt: »Soll ich
euch einen Witz erzählen?«
»Gern«, sagt Olchi-Oma. »Hauptsache, es ist nicht
wieder so eklig, dass er mir den Appetit verdirbt …«

Olchi-Opa sitzt faul im Sessel und sagt zum Olchi-Kind:
»Hol mir mal eine Flasche Baumschwamm-Limonade.«
Das Olchi-Kind fragt: »Muffelfurzteufel,
warum denn immer ich?«
»Weil meine Füße schon so alt sind«, sagt Olchi-Opa.
»Wäre es dann nicht besser, du nimmst nicht
meine, sondern du brauchst erst mal deine
alten Füße auf?«, fragt das Olchi-Kind.

»Schleime-Schlamm-und-Käsefuß, jetzt hast du schon fünf Stücke vom Stinkerkuchen gegessen, dabei durftest du nur eins!«, sagt Olchi-Mama.
»Tut mir leid«, schmatzt das Olchi-Kind, »dann hab ich mich wohl verzählt.«

Der Olchi-Junge hat gelernt, dass das Leben ein Nehmen und ein Geben ist. Darum sagt er zum Olchi-Mädchen:
»Ich teile den Stinkerkuchen jetzt gerecht zwischen uns auf und schneide ihn in zwei Hälften. Dann nehme ich mir meine Hälfte, und du gibst mir deine Hälfte.«

»Fliegenschiss und Olchi-Furz, wie oft muss ich dir denn noch sagen, dass du von der Dose mit den Stinkerkeksen die Finger lassen sollst?«, ruft Olchi-Mama.
»Das brauchst du gar nicht mehr zu sagen«, antwortet das Olchi-Mädchen. »Die Dose ist jetzt total leer.«

Gerade hat Olchi-Oma eine Kanne Schlamm-Kaffee
aufgesetzt. Nun schenkt sie jedem einen Becher ein.
»Trinkst du den Kaffee schwarz?«,
fragt sie Olchi-Opa.
»Welche Farben hättest du denn
sonst noch zu bieten?«

»Schleime-Schlamm-und-Käsefuß, du
hast ja deine Tasse Schmuddel-Kaffee
umgestoßen!«, jammert Olchi-Oma.
»Nee, der Kaffee war so schwach, dass er von
alleine umgefallen ist«, sagt Olchi-Opa.

Das Olchi-Kind schlingt in einem Wahnsinnstempo
die gebratenen Schuhsohlen herunter.
»Warum isst du denn so schnell?«,
wundert sich Olchi-Papa.
»Ich hab Angst, dass ich den Appetit
verliere, ehe ich fertig bin.«

OLCHI-JUNGE: »WORAUS WIRD
VOLLMILCHSCHOKOLADE GEMACHT?«
OLCHI-PAPA: »AUS VOLLMILCH.«
OLCHI-JUNGE: »UND WORAUS WIRD
KINDERSCHOKOLADE GEMACHT?«

Olchi-Mama hat einen riesigen Stinkerkuchen gebacken.
»Rostige Matschbeule, der ist diesmal aber
ganz schön trocken«, schmatzt Olchi-Opa.
»Dann mach den Mund zu, damit es nicht
so staubt«, sagt Olchi-Mama.

>>Ich will endlich ein
Stück Stinkerkuchen!<<,
quengelt das Olchi-Kind.
>>Spotzteufel, du hast das
Zauberwort mit >t< vergessen<<,
meint Olchi-Mama.
Ruft das Olchi-Kind: >>Flott!<<

»Heiliger Müllsack, warum hast du
denn so ein zerkratztes Gesicht?«,
will Olchi-Mama wissen.
»Ich hab versucht, mit Messer und
Gabel zu essen«, sagt Olchi-Papa.

Das Olchi-Kind isst ein Stück Rasierschaumtorte
nach dem anderen. Dann rülpst es so laut,
dass eine Fliege tot auf den Boden fällt.
Olchi-Papa wundert sich: »Wenn du jetzt noch
ein Stück Torte isst, wirst du platzen!«
»Alles klar«, sagt das Olchi-Kind. »Gib
die Torte her und geh in Deckung!«

Das Olchi-Mädchen verabredet sich mit
zwei Schmuddelfinger Kindern zum
Picknick. Jeder soll etwas mitbringen.
»Ich bringe Kuchen mit«, sagt das eine Kind.
»Ich bringe Limonade mit«, sagt das zweite Kind.
»Okay, und ich bringe meinen Bruder
mit«, sagt das Olchi-Mädchen.

Neulich in der Konditorei
in Schmuddelfing.
»Ich möchte Rumkugeln«,
sagt der Kunde.
»Nur zu, wenn Ihnen der
Boden nicht zu schmutzig ist«,
antwortet die Verkäuferin.

Der Bürgermeister von Schmuddelfing kommt von
der Arbeit nach Hause und ruft: »Ich habe einen
schrecklichen Durst! Haben wir noch Bier?«
»Es ist nur noch Wasser da«, sagt seine Frau.
»Wasser?«, fragt der Bürgermeister. »Seit wann
wäscht man sich denn gegen Durst?«

WITZESPASS IN SCHMUDDELFING

Olchi-Papa und Olchi-Mama düsen mit einem
Auto über die Schmuddelfinger Landstraße,
dabei hat Olchi-Papa gar keinen Führerschein.
Olchi-Mama: »Eins, zwei, Stinkerbrei!
Dahinten kommt die Polizei!«
Olchi-Papa: »Na und? Wenn die Polizei zu
mir sagt: ›Papiere!‹, dann sag ich einfach
›Schere!‹, und schon hab ich gewonnen.«

»Willst du nicht aufstehen?«, fragt eine alte Dame im Bus das Olchi-Mädchen. »Nö, den Trick kenn ich«, meint das Olchi-Mädchen. »Wenn ich aufstehe, dann setzen Sie sich hin, und mein Platz ist weg!«

Neulich in der Schmuddelfinger Arztpraxis. »Schleimeschlamm-und-Käsefuß, immer, wenn ich aufwache, ist mir eine halbe Stunde lang schwindelig. Was kann ich bloß dagegen tun?«, fragt Olchi-Opa. Darauf antwortet Doktor Superschlau: »Na, dann wachen Sie doch einfach eine halbe Stunde später auf!«

Der Doktor rät Olchi-Opa: »Sie sollten einige Tage lang ein bisschen weniger essen. Dann werden wir sehen, ob Ihre Krankheit besser wird.« Olchi-Opa: »Beim Käserich, könnte ich nicht einfach doppelt so viel essen wie gewöhnlich? Dann wird sich doch auch zeigen, ob es schlimmer wird.«

OLCHI-PAPA SAGT ZUM OPTIKER:
»ICH BRAUCHE EINE BRILLE!«
OPTIKER: »SEHR GERNE.
KURZ- ODER WEITSICHTIG?«
OLCHI-PAPA: »NA JA, AM BESTEN
WÄRE DURCHSICHTIG.«

Olchi-Mama besorgt sich jeden Tag
einige Dutzend Mottenkugeln aus
der Drogerie in Schmuddelfing.
Der Verkäufer wundert sich: »Wofür
brauchen Sie denn so viele Mottenkugeln?«
Sagt die Olchi-Mama: »Beim lausigen
Wanzenfuß, haben Sie schon mal
versucht, die Mottenviecher mit dem
Zeug zu treffen? Ist total schwer!«

Die Türglocke bimmelt, und Olchi-Papa betritt das
Antiquitätengeschäft. Nachdem er sich kurz umgeschaut hat,
fragt er: »Was kostet der gruselige dicke Buddha dahinten?«
Sagt der Verkäufer: »Psst, das ist doch der Chef!«

In wenigen Tagen ist Weihnachten, und die Olchis sind in Schmuddelfing unterwegs, um Geschenke zu kaufen. Das neugierige Olchi-Kind macht einen Abstecher in die Kirche, geht zielstrebig zur Krippe und nimmt das Jesuskind aus dem Stroh. »Beim Läuserich, wenn ich dieses Jahr zu Weihnachten kein neues Skateboard kriege, dann siehst du deine Eltern nie wieder!«

Der Olchi-Junge war gestern im Schmuddelfinger Kino. Daraufhin hat er die ganze Nacht von dem Film geträumt. »Ranzige Käsesocke«, meint er. »Wenn ich gewusst hätte, dass ich den Film sowieso träume, dann hätte ich mir das Eintrittsgeld ja sparen können!«

Olchi-Oma geht ins Kaufhaus: »Ich möchte ein Kleid, aber zwei Nummern zu groß!« »Warum denn das?«, wundert sich die Verkäuferin. »Damit die anderen denken, ich hätte meine Diät eingehalten.«

Eine große Kutsche, die von zwei Pferden gezogen wird, fährt über die Schmuddelfinger Landstraße. Sagt das Olchi-Kind: »Pferde sind die lustigsten Tiere der Welt! Sie veräppeln die Straße!«

Olchi-Papa kommt in die Bibliothek und sagt:
»Letzte Woche habe ich mir hier ein Buch ausgeliehen. Es war die langweiligste Geschichte, die ich je gelesen habe, und es kamen viel zu viele Personen darin vor.«
»Ach, dann müssen Sie das gewesen sein, der unser Telefonbuch mitgenommen hat!«, sagt der Bibliothekar.

Olchi-Oma und Olchi-Opa schauen sich im Museum eine alte Münzsammlung an.
»Hier sehen Sie eine Sammlung antiker Taler«, erklärt der Museumsführer.
»Interessant«, sagt Olchi-Oma. »Und welcher davon ist dieser berühmte Neander-Taler?«

Das Olchi-Mädchen sieht einen Kaugummiautomaten, wirft ein Eurostück hinein und holt sich ein Kaugummi heraus. So geht das eine ganze Weile, immer wieder wirft es neue Eurostücke hinein, bis es schon über zwanzig Kaugummis gesammelt hat.
Wundert sich der Olchi-Junge: »Sag mal, hast du nicht langsam genug?«
»Beim Krötenpups!«, ruft das Olchi-Mädchen. »Denkst du, dass ich bei meiner Glückssträhne einfach so aufhöre?«

Ein Herr sitzt am Kloakebecken des Schmuddelfinger Klärwerkes und stochert mit seinem Spazierstock darin herum.
»Was machen Sie da?«, fragt ein Passant.
»Meine Jacke ist ins Becken gefallen«, sagt der Herr.
»Die wollen Sie doch nicht etwa noch mal anziehen?«, wundert sich der Passant.
»Nein, nein«, antwortet der Herr, »aber in der Tasche hab ich mein Pausenbrot!«

Olchi-Mama sagt: »Ich möchte Strümpfe
für meine Kinder kaufen.«
»Was für Strümpfe sollen es sein?«,
erkundigt sich die Verkäuferin.
»Möglichst kurze und krummbeinige.«

Ein Urlaubsgast beschwert sich
an der Rezeption des Hotels in
Schmuddelfing: »Es ist unglaublich!
Gestern Abend haben zwei Ratten in meinem
Zimmer miteinander gekämpft!«
Sagt die Wirtin: »Na und? Bei dem
niedrigen Zimmerpreis können Sie
doch keinen Stierkampf erwarten!«

Die Olchis sind auf dem Rummelplatz. Vor
einem Zelt ruft ein Mann: »Hereinspaziert,
hereinspaziert! Hier sehen Sie einen echten
Löwen aus Indien! Eintritt nur drei Euro!«
Der Olchi-Junge fragt: »Sieht der Löwe auch
wirklich haargenau so aus wie auf dem Plakat?«
»Absolut!«, versichert der Ausrufer.
»Er sieht ganz genau so aus.«
Olchi-Junge: »Schimmelige Wanzenlaus,
warum soll ich dann reingehen und Eintritt
bezahlen, um ihn mir anzugucken?«

Der Direktor des kleinen Zirkus schreit:
»HOLT SCHNELL DAS ZEBRA
REIN! ES REGNET!«

Olchi-Mama geht zur Wahrsagerin.
»Sie haben Glück«, sagt die Wahrsagerin. »Heute
hab ich Jubiläum, und zur Feier des Tages
dürfen Sie mir statt einer gleich zwei Fragen
hintereinander für nur hundert Euro stellen.«
»Beim Krötenfurz, finden Sie dafür hundert Euro
nicht ein bisschen teuer?«, fragt Olchi-Mama.
»Mag sein. Und jetzt Ihre zweite Frage.«
»Nehmen Sie auch Fischgräten?«
»Danke, das war's!«

Kurz darauf betritt auch Olchi-Oma das Zelt der Wahrsagerin.
»Ich lese Schreckliches aus Ihren Handlinien!«, sagt
die Wahrsagerin. »Man wird Sie mit einem Kopfschuss
töten, braten und anschließend aufessen!«
Sagt Olchi-Oma: »Moment, lassen Sie mich doch erst mal
meine schweinsledernen Handschuhe ausziehen.«

Die Olchi-Kinder sitzen im Kino.
Der Olchi-Junge rutscht unruhig im Kinosessel
hin und her und flüstert: »Beim Würgeschlamm,
ich glaube, mein Po ist eingeschlafen.«
Das Olchi-Mädchen flüstert zurück: »Pssst, dann
pass bloß auf, dass er nicht so laut schnarcht.«

DIE OLCHI-FAMILIE BESUCHT DEN ZOO.
GERADE SCHAUEN SIE SICH DIE PINGUINE AN.
OLCHI-MÄDCHEN: »WARUM FRESSEN PINGUINE
EIGENTLICH AM LIEBSTEN FISCHE UND
KEINEN STINKERKUCHEN, SO WIE WIR?«
OLCHI-MAMA: »WEIL KUCHEN UNTER
WASSER MATSCHIG WIRD.«

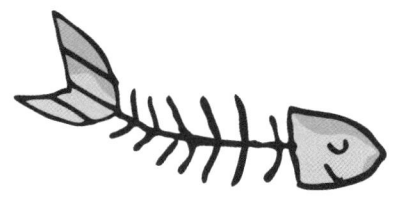

Olchi-Papa angelt am Schmuddelfinger See.
Kommt ein Spaziergänger und fragt:
»Na, beißen die Fische?«
Olchi-Papa: »Keine Angst, Sie
können sie ruhig streicheln.«

Das Olchi-Kind versucht vergeblich, den hohen
Klingelknopf an einer Haustür zu erreichen.
Zufällig schlendert ein freundlicher Herr vorbei und sagt:
»Na, mein Kleiner, komm, ich helfe dir!« Er klingelt.
Kichert das Olchi-Kind: »Krötig! Jetzt
aber ganz schnell weg!«

Der Olchi-Junge geht in die
Zoohandlung und fragt: »Wie viel
kostet so ein grätiger Goldfisch?«
»Sechzehn Euro«, brummt
der Zoohändler.
»Lausiger Pappenheimer! So
viel? Haben Sie vielleicht
auch Silberfische?«

Olchi-Papa hat ein neues Hobby:
Er angelt im Schmuddelfinger Bach nach alten
Sachen. Plötzlich ruft er stolz: »Glitschiges
Glitschgewürm, einen so großen Fang habe
ich schon lang nicht mehr gemacht!«
»Aber Papa, das ist doch bloß ein alter
Schuh!«, sagt das Olchi-Mädchen.
»Ich weiß, aber es ist immerhin Schuhgröße 49!«

Olchi-Opa braust auf einem Moped durch
Schmuddelfing. Er kommt in eine Radarfalle und
wird von einem Polizisten angehalten.
Polizist: »Sie wurden soeben von einer
automatischen Kamera fotografiert ...«
Olchi-Opa: »Echt grätig! Wenn die Bilder was geworden
sind, schicken Sie mir bitte drei Abzüge.«

Zwei Schnecken kriechen seit Stunden auf der Landstraße in Richtung Schmuddelfing. »Nicht so schnell«, sagt die eine. »Da drüben ist eine Radarfalle!«

Das Olchi-Kind geht zur Post: >>Ich hätte gerne eine Fünfundvierzig-Cent-Briefmarke. Aber machen Sie den Preis ab, es soll ein Geschenk sein!<<

Am nächsten Tag steht das Olchi-Kind noch mal am Postschalter: »Einen Briefumschlag, aber wattiert, bitte. Der Brief geht nämlich nach Alaska.«

Gestern im Schmuddelfinger Friseurstübchen. »Bist du verrückt?«, fragt der Friseurmeister seinen Lehrling. »Sieh dir nur mal deine dreckigen Hände an!« »Tja, es war eben schon lange keiner mehr zum Haarewaschen da«, sagt der Lehrling.

Olchi-Oma kommt aus dem Friseursalon.
Olchi-Oma: »Na, was sagst du zu meiner neuen Frisur?«
Olchi-Opa: »Lausiger Hühnerich, du
siehst hundert Jahre jünger aus!«

Der Schlagerstar Mario Macho ist auf Tournee
in Schmuddelfing. Gerade gibt er eine
Autogrammstunde. Der blaue Olchi hält ihm
einen dreckigen, zerknüddelten Zettel hin.
»Auf diesen Fetzen soll ich meinen Namen
schreiben?«, fragt Mario Macho.
»Grindiger Stinkstiefel, das macht doch
nichts«, sagt der blaue Olchi. »Zu Hause
schreibe ich ihn eh sauber ab.«

Der Olchi-Junge rast auf seinem
Fahrrad durch die Straßen.
Da springt ein Polizist herbei und schreit:
»HALT! Sofort anhalten! Du hast kein Licht,
kein Schutzblech und keine Klingel!«
Der Olchi-Junge schreit zurück: »Aus dem
Weg! Ich hab auch keine Bremsen!«

Die Olchis haben ein paar krötige Lieder komponiert.
Nun machen sie sich auf den Weg nach Schmuddelfing,
um als Straßenmusikanten aufzutreten.
Sie tröten und trommeln, singen und pupsen im
Chor. Und das kleine Olchi-Baby schreit dazu aus
vollem Hals. So einen Lärm hat Schmuddelfing
schon lange nicht mehr zu hören bekommen!
Ein Polizist packt Olchi-Papa am Arm und ruft: »Es reicht!
Sie und der Rest Ihrer Familie begleiten mich jetzt.«
»Na klar, sehr gern!«, sagt Olchi-Papa.
»Was möchten Sie denn singen?«

»Hör mal, Kleiner, kannst du mir sagen, wie spät
es ist?«, fragt ein Mann den Olchi-Jungen.
Sagt der Olchi-Junge: »Kein Problem,
zeigen Sie mir mal Ihre Uhr!«

Olchi-Opa spaziert durch Schmuddelfing. Da
hält ihn ein Mann an und fragt: »Wie komme
ich hier am schnellsten ins Krankenhaus?«
Olchi-Opa sagt: »Also, wenn Sie es wirklich
eilig haben, kenn ich einen Trick. Sie
stellen sich auf die Straße und kümmern
sich nicht um die Huperei. Dann werden
Sie sogar mit Blaulicht hingefahren!«

Warum tanzt das Olchi-Mädchen unter der Ampel?
Sie denkt, es wäre eine Disco.

Olchi-Papa will sich ein neues Musikinstrument kaufen.
Endlich hat er das passende Geschäft gefunden. Er
geht hinein, schaut sich eine Weile um und sagt zum
Verkäufer: »Ich hätte gern die krötige rote Trompete
dort und das schöne weiße Riesenakkordeon.«
Der Verkäufer antwortet kopfschüttelnd:
»Den Feuerlöscher können Sie meinetwegen
kaufen, aber die Heizung bleibt hier!«

Heute Abend sind die Olchis in
der Schmuddelfinger Oper. Auf
der Bühne steht die berühmte
Operndiva Adelgunda.
Olchi-Kind: >>Sagt mal, warum
droht der Mann da vorne der
armen Frau auf der Bühne
immer mit dem Stock?<<
Olchi-Oma: >>Er droht doch
nicht. Er dirigiert.<<
Olchi-Kind: >>Und warum
schreit die Frau dann so?<<

Olchi-Opa hat nur noch drei drahtige Haare auf seinem Kopf. Damit geht er ins Schmuddelfinger Friseurstübchen, um sich richtig schick machen zu lassen.

Friseur: »Wie hätten Sie es gerne, mein Herr?«

Olchi-Opa: »Den Scheitel links, bitte.«

Der Friseur legt ein Drahthaar nach links und zwei nach rechts. Leider fällt dabei ein Haar aus.

Friseur: »Oje, das tut mir aber leid! Was soll ich denn nun mit Ihren Haaren machen?«

Olchi-Opa: »Schleime-Schlamm-und-Käsefuß, dann frisieren Sie mir eben einen Mittelscheitel.«

Der Friseur legt sofort los, aber leider fällt dabei noch ein Haar aus. Verzweifelt fragt der Friseur: »Und jetzt?«

Olchi-Opa antwortet seufzend: »Egal, dann geh ich heute eben mal struppig nach Hause.«

346

Im Gasthaus *Zum schmierigen Lappen*.
Ein Gast entdeckt in seinem Bierglas eine Fliege,
fischt sie heraus und legt sie in einen Aschenbecher.
Die Kellnerin entschuldigt sich und bringt dem
Gast ein neues Glas Bier. Vom Nachbartisch
aus hat Olchi-Papa alles beobachtet und fragt:
»Könnte ich die Fliege auch mal haben?«

Der kleine Finn steht auf der Brücke
und weint. Da kommt eine alte Dame
vorbei und fragt, was passiert ist.
»Das Olchi-Kind hat mein Brötchen in
den Fluss geworfen!«, schluchzt Finn.
»Oh weh, war das etwa mit
Absicht?«, fragt die Dame.
»Nein, mit Käse.«

Olchi-Papa will ein Schiff basteln, das sich fernsteuern lässt.
Aber er kriegt es nicht so richtig hin, deshalb geht er in einen
Buchladen und fragt: »Haben Sie vielleicht ein Buch, in dem
erklärt wird, wie man ein ferngesteuertes Schiff bastelt?«
Der Buchhändler zieht ein Buch aus dem Regal: »Hier,
mit diesem Buch ist die Arbeit schon halb erledigt!«
»Krötig!«, freut sich Olchi-Papa. »Dann
nehme ich gleich zwei davon.«

Olchi-Oma probiert im Kaufhaus von
Schmuddelfing verschiedene schicke Hüte an.
Ein Verkäufer berät sie: »Dieser Hut steht
Ihnen aber ganz besonders gut.«
»Meinen Sie?«, fragt Olchi-Oma. »Aber er
verdeckt doch mein ganzes Gesicht!«
»Gerade deshalb!«

Olchi-Opa muss zum Arzt, weil ein paar
dumme Holzsplitter in seiner Zunge stecken.
»Wie kommen denn bloß all die Splitter in
Ihre Zunge?«, wundert sich der Arzt.
»Ich hab eine Flasche Fahrradöl auf dem alten
Küchentisch verschüttet«, erklärt Olchi-Opa. »Und
ich wollte es trotzdem unbedingt noch trinken!«

Olchi-Mama geht ebenfalls zum Arzt.
Ihr tut der Rücken weh.
Nach gründlicher Untersuchung sagt der Arzt:
»Sie haben eindeutig einen Hexenschuss.«
»Windige Stinkersocke«, sagt Olchi-Mama enttäuscht.
»Ich muss mich schon sehr wundern, dass Sie noch an
so einen mittelalterlichen Hokuspokus glauben!«

DER ARZT SAGT: »ICH SCHREIBE
IHNEN JETZT EIN REZEPT AUF.«
»SIE KOCHEN ALSO
GENAUSO GERN WIE ICH?«,
FRAGT OLCHI-MAMA.

Letzte Woche ging auch das Olchi-Kind zum Arzt.
»Herr Doktor, ich brauche unbedingt
ein starkes Beruhigungsmittel. Ich sehe
überall grüne Müffelpupsiwitzchen.«
»Na, so was! Was sind denn Müffelpupsiwitzchen?«
»Weiß ich auch nicht. Und das beunruhigt mich ja so!«

Die Sonne scheint, und die Olchis spielen Fußball
im Park. Auf einer Bank sitzt ein älterer Herr, und er
bekommt dauernd den Ball gegen sein Schienbein.
Irgendwann wird es ihm zu bunt, und er beschwert
sich: »Könnt ihr nicht woanders Fußball spielen?«
»Ja schon!«, ruft das Olchi-Kind. »Aber dann müssen Sie
mitkommen. Sie sind doch unser rechter Torpfosten!«

Bei einer Stadtführung fragt ein Tourist den
Fremdenführer: »Wurden in Schmuddelfing
eigentlich große Persönlichkeiten geboren?«
Der Fremdenführer überlegt kurz und sagt
dann: »Nö, eigentlich nicht. Soweit ich weiß,
waren es immer nur kleine Kinder.«

Neulich im Zoo.
Olchi-Mama: »Vorsicht, geh nicht
so nah an die Eisbären ran!«
Olchi-Kind: »Rattige Schlamm-Assel, wieso
denn nicht? Ich bin doch eh schon erkältet.«

Das Olchi-Mädchen sagt zum Obsthändler: »Guten
Tag, ich hätte gerne drei Pfund Pferdeäpfel, ein
Kilo Kabelsalat und fünf große Glühbirnen.«

Der Schmuddelfinger Obsthändler
wird wegen Betruges verhaftet.
Er hat Stachelbeeren rasiert und
als Weintrauben verkauft!

Die Olchi-Kinder stehen im Museum vor einem modernen Gemälde mit bunten Klecksen und Strichen.
Sagt das eine Olchi-Kind: »Los, lass uns lieber schnell abhauen! Sonst sagen sie noch, dass wir das waren.«

Der Olchi-Junge geht in den Tante-Emma-Laden.
»Senf, bitte«, sagt er.
»Soll er für Weißwürstchen sein oder für Wiener oder für was?«, fragt der Verkäufer.
»Für Türklinken«, antwortet der Olchi-Junge.

»Sie sollten sich so schnell wie möglich einmal gründlich baden!«, sagt ein Mann zu Olchi-Papa.
»Zu spät«, antwortet Olchi-Papa. »Der Reißverschluss ist längst eingerostet.«